THEATER

GAELLE BRETON

Karl Krämer Verlag Stuttgart + Zürich

Gaelle Breton, 1960 geboren, ist staatlich geprüfte Architektin. Ihr Diplom machte sie 1987 bei Christian Devillers. Sie wirkte insbesondere bei Theater- und Kulturprojekten mit unter Patrick Bouchain, Renzo Piano und an der AUA mit Valentin Fabre und Jean Perrottet. 1989 erhielt sie das Villa Médicis Stipendium für die Vereinigten Staaten.

Die Autorin möchte allen danken, die das Erscheinen dieses Buchs ermöglicht haben; besonderer Dank gilt Valérie Vaudou und Laurence Allégret, die den Anstoss zu diesem Projekt gaben, Sophie Soulié, für die schnelle Umsetzung der Dokumentation, Oda O'Carrol, Béatrice Julien, Clothilde Leroy, Dominique Nora, Pierre Monsaingeon und schliesslich Guillemette Morel Journel, der mit Geduld, Fachkenntnis und Sorgfalt zur Herstellung dieses Buchs beigetragen hat.
Sie möchte auch den Theaterleuten danken, die die Autorin mit ihren Ideen unterstützten: Denis Bablet, Guy-Claude Francois, Yannis Kokkos, Georges Banu, Jean-Guy Lecat, Noel Napo, Vincent Daujat und Bernard Coutant. Besonderer Dank gilt Michel Guy und Christian Devillers für ihre wertvollen Ratschläge, wie auch Serge Francois und Denis Seigneur für Ihre Informationen aus den Vereinigten Staaten.
Sie möchte ausserdem den Architekten danken, die Material zur Verfügung gestellt hatten, und den Regisseuren, die zu Interviews bereit waren und deren Meinungen Ausgangspunkt für alle Überlegungen zur Theaterarchitektur sind.

© Editions du Moniteur, Paris 1990
© **für die deutsche Ausgabe:**
Karl Krämer Verlag Stuttgart + Zürich 1991
Alle Rechte vorbehalten. All rights reserved.
Übersetzung ins Deutsche:
Gudrun Zimmerle
Printed in France
ISBN 3-7828-1801-6

INHALT

4	EINFÜHRUNG
6	DER HISTORISCHE HINTERGRUND
14	INTERVIEWS
24	FABRE, PERROTTET UND CATTANI, Theatre national de la Colline, Paris, 1988
34	ADOLFO NATALINI, Teatro della Compagnia, Florenz, 1987
40	ARCHITECTURE BUREAU, Half Moon, London, 1984
48	TADAO ANDO, Kara-za, Japan, 1987
54	REM KOOLHAAS, Dans Theater, Den Haag, 1987
64	JÜRGEN SAWADE, Schaubühne, Berlin, 1981
70	PATRICK BOUCHAIN UND JEAN HARARI, Jacques Brel Halle, Champs-sur-Marne, 1989
76	ALVAR AALTO, Theater Jyväskylä, 1982
84	HARDY HOLZMAN PFEIFFER ASS., BAM Majestic, New York, 1987
88	MARIO BOTTA, André Malraux Kulturzentrum, Chambéry, 1987 a
96	ARATA ISOZAKI AND ASS., Toga Sanbo, Toyama, 1982
100	LOUIS I. KAHN, Theater of Dramatic Art, Fort Wayne, 1973
106	ÜBERSICHT
110	LEXIKON
112	KURZDOKUMENTATION
118	BIBLIOGRAPHIE
119	FOTOGRAFENVERZEICHNIS

EINFÜHRUNG

WERKZEUG ODER KONVENTION

„Der Unterschied zwischen einem guten und einem schlechten Ort ist, dass es bestimmte Kriterien gibt, die das Leben gegünstigen oder hemmen. Der einzige Unterschied zwischen Theater und Leben ist, dass das Theater eine konzentriertere Form des Lebens ist. Was immer Konzentration fördert, ist richtig, was immer Konzentration verhindert, ist falsch."
Peter Brook

Es gibt heutzutage keine eindeutige Beziehung zwischen Theater und Architektur. Theater ist eine kurzlebige Kunst, quasi „auf Sand geschrieben"[1]. Der Raum, den es kreiert, dauert nicht länger als die Aufführung, während Architektur auf Beständigkeit basiert.

Theater ist nicht bloß Zerstreuung, sondern ein Bedürfnis, eine Art kollektiver Fragestellung, in der die Gesellschaft ihre Mythen relativ unabhängig von der realen Welt entfalten und ihre fundamentalen Emotionen zum Ausdruck bringen kann, ohne die eigene Existenz in Frage zu stellen. Wenn dieses Fragen zur Konvention wird, verliert es seine Kraft, den Grund seines Daseins: „Theater ist immer Sichtbarmachen, eine ständige Revolution (...). An dem Tag, an dem es statisch wird, beginnt etwas Unsichtbares zu sterben (...). Leben entwickelt sich, Theater ist Relativität."[2]

Das Theater jenseits der Architektur

Theater muss nicht unbedingt innerhalb eines architektonischen Rahmens oder auch nur in einem Gebäude stattfinden. Das griechische Theater benutzte natürliches Gelände, das mittelalterliche Theater provisorische Freilichtbühnen, Lullys Opern wurden in den Gärten von Versailles aufgeführt, und auch heute finden viele Aufführungen anderswo statt als in einem konventionellen Gebäude.

Selbst wenn Theater in einem Gebäude stattfindet, transzendiert es die Architektur. In gewisser Weise wird der theatralische Raum erst dann wirklich zum Leben erweckt, wenn er über die Wände hinaus in einen diffusen Raum projiziert wird – in die Vorstellungswelt des Publikums. Der architektonische Rahmen mag die dramatischen Emotionen fördern oder hemmen, aber er ist nicht die Quelle dieser Emotionen. Sobald die theatralische Wirkung sich ausbreitet, werden die Grenzen des physikalischen Raums belanglos.

Die Geschichte des westlichen Theaters zeigt eine Tendenz, aus dem konventionellen, speziell für das Theater gebauten Rahmen auszubrechen und ihn in Frage zu

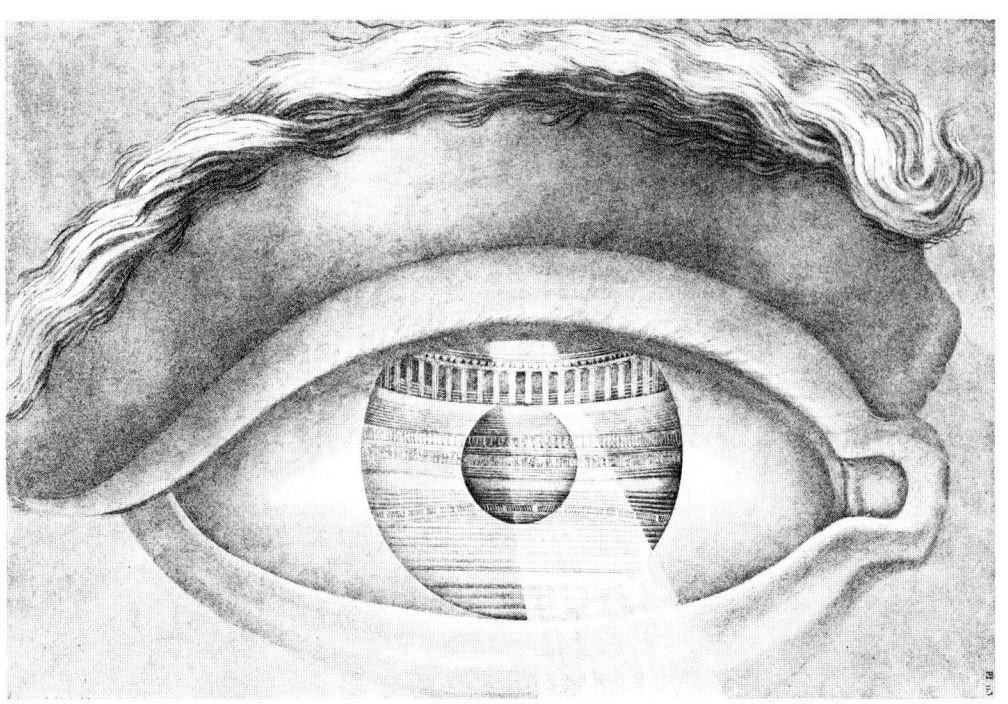

stellen: „Um ein Ereignis zu kreieren, beginnt man nicht mit einer Schale, man beginnt mit einem Impuls, mit einer Quelle." **3**

Das griechische und elisabethanische Theater
Es gab jedoch zwei historische Perioden, die eine perfekte Symbiose zwischen Literatur, Theater, der Gesellschaft und dem architektonischen Rahmen förderten: die Blütezeit des griechischen und des elisabethanischen Theaters.

Paradoxerweise entstand das italienische Theater – für Jahrzehnte die vorherrschende Richtung – „nicht im England Shakespeares, Calderons Spanien, Corneilles oder Molières Frankreich, sondern in dem Land, das die ärmste Literatur des gesamten siebzehnten Jahrhunderts hatte: in Italien, einem politisch unterdrückten Land ohne Redefreiheit" **4**, das aber eine einzigartige Form von Theater ersann.

Während sowohl das griechische wie auch das elisabethanische Theater den Ort für die dramatische Handlung auf seinen prinzipiellen Ausdruck reduzierten – durch die Verbindung von Bühne und Auditorium zu einem einzigen Ort unter freiem Himmel –, führte das italienische Theater eine zunehmende Trennung zwischen Bühne und Auditorium und mehr noch zwischen Theater und äusserer Umgebung ein. Das Schauspiel erblühte an einem Ort, der nunmehr von der realen Welt abgeschnitten war, weil er eine Scheinwelt aufbauen und die Konzentration der Künstler und Schauspieler unterstützen sollte. Das Herz des Theaters wurde umgeben von ergänzenden Räumlichkeiten: Die Bühne erhielt die Einrichtungen, die für die Produktion der Inszenierungen notwendig waren, während das Auditorium mit öffentlichen Empfangsräumen ausgestattet wurde.

Architektur jenseits von Theater
Das Theater wurde ein städtisches Monument, ein feierlicher Ort und gesellschaftlicher Treffpunkt. Es wurde Anlass für die Entwicklung von architektonischen Entwürfen, die sich nicht mehr nur auf die szenische Darstellung beschränkten. Dadurch überholte die Architektur wiederum das Theater; die damit verbundene Komplexität – eingeführt durch das italienische Vorbild und noch immer vorherrschend in modernen Gebäuden – ist die Wurzel der natürlich divergierenden Interessen und Ideale bei Theaterregisseuren und Architekten.

Die besondere Herausforderung für Theaterarchitektur ist die Lösung der Diskrepanz zwischen einer Materialisierung der Beziehungen im Innern des Theaters – dem beschützten autonomen Mikrokosmos, dem Instrumentarium für die szenische Aufführung – und dem Umkreis, der sich in die Aussenwelt ausdehnt.

Unser Ziel ist es, diese Herausforderung anhand von zwölf zeitgenössischen Theatern darzustellen, die aufgrund ihrer städtischen Situation, Grösse, ihrer Bedeutung und Gestaltung ausgewählt wurden.

Diese Analyse reflektiert die unterschiedlichsten architektonischen Konzeptionen, die zwar keine Typologie darstellen, aber doch zu verschiedenen Lösungsannäherungen zusammengefasst werden können, die auf einem gemeinsamen historischen Hintergrund basieren. Zudem scheint diese grosse Vielfalt charakteristisch für unsere Zeit zu sein, denn sie spiegelt sich auch in den Meinungen der verschiedenen Regisseure wider, deren Argumentationen wir wiedergegeben haben. Wir haben in keiner Weise versucht, einen vollständigen – oder auch nur repräsentativen – Überblick über zeitgenössische Projekte zu geben; unser Ziel war es, die Herausforderungen, denen sich die Theaterarchitektur stellen muss, durch den Vergleich von sich häufig widersprechenden Auffassungen aufzuzeigen. Zwei Themen waren es, die dabei immer wieder auftauchten: die Beziehung zwischen Bühne und Auditorium und deren mögliche Flexibilität, und die Übereinstimmung von Aussen und Innen des Gebäudes.

GAELLE BRETON

1 Peter Brook, *The empty space*, London, 1968
2 dto.
3 dto.
4 Hélène Leclerc, *Histoire des Spectacles*
5 Auditorien, die vorwiegend für andere Zwecke als das Theater genutzt werden, haben wir nicht berücksichtigt, deshalb ist das maximale Fassungsvermögen auf 1 000 Plätze begrenzt

DER HISTORISCHE HINTERGRUND

WIDERSPIEGELUNG DER GESELLSCHAFT

Präambel

Die Geschichte des Theaters in Westeuropa ist gekennzeichnet durch das Erscheinen, die Wandlung, das Verschwinden und Wiederauftauchen von unterschiedlichen architektonischen Typen. Im Laufe der Zeit scheint der Rhythmus dieser Entwicklungen zugenommen zu haben. Während von der Geburt des griechischen Theaters bis zur Erfindung des elisabethanischen und italienischen Theaters zweitausend Jahre verstrichen, dauerte es nur dreihundert Jahre, bis das elisabethanische Modell (das mit Shakespeare verschwunden war) wieder in Mode kam, und das italienische Modell (das sich andererseits über ganz Europa ausgebreitet hatte) von Richard Wagner in Frage gestellt wurde. Seitdem hat sich im Laufe eines Jahrhunderts die Bandbreite von verschiedenen Tendenzen von einem Extrem zum anderen merklich verbreitet – vom gelegentlich utopischen Experimentieren bis zur häufig begrüssten Nostalgie (Rückkehr zu der verlorengegangenen Kontinuität zwischen Bühne und Auditorium).

Heute schlägt die Architektur für das Theater keine absolute Lösung mehr vor, stattdessen erkundet sie dieses reiche Erbe auf der Suche nach Beispielen, die neu interpretiert werden können. Die vollkommene Einheit, die zwischen einer einzigen Art von theatralischem Ort, einer festen Regeln folgenden Schauspielkunst und der konventionellen Aufführung bestand, ist verschwunden und hat einer Vielzahl von häufig sich widersprechenden Ausdrucksweisen Platz gemacht.

Griechische cavea und Freilichtbühnen

Um 550 v. Chr. traten in den religiösen Feiern zu Ehren von Dionysos neue Formen des Schauspiels auf. Vier Genre entwickelten sich (Dithyrambus, Tragödie, Komödie und Satire). Die Stadtstaaten organisierten dreimal jährlich Schauspielwettbewerbe, wenn die Dionysos-Feierlichkeiten stattfanden, und es wurden richtige Theater gebaut. Durch Losentscheid bildete jeder Schauspieler ein Paar mit einem khoregos, einem reichen Bürger, der vom Staat bestellt war, den Chor zu formieren und die Aufführung zu finanzieren. Das Theater – der Platz, von dem aus man sehen konnte – lag ausserhalb der Stadt in einem abfallenden Gelände. Es war ein heiliger Ort, eine Weihestätte für Dionysos, und die Menschen gingen in Prozessionen dorthin. Der Eintritt war frei. Ursprünglich aus Holz gebaut, wurde für die Theater ab dem vierten Jahrhundert v.Chr. Stein verwendet. Die Ränge in der cavea lehnten sich an den Hügel an und umgaben in einem Winkel von mehr als 180° die runde Orchestra, in der der Chor sang. Die Schauspieler traten in dem loegion der skene auf, die später durch eine Proszeniumszone ergänzt wurde als die schrittweise Aufgabe der choralen Struktur zu einer wachsenden Zahl von Schauspielern führte. Für die Dekoration stand eine Stirnwand mit drei Türen zur Verfügung. Die Wand war drapiert und wurde eingerahmt von periactes – rotierenden Prismen, auf deren Oberfläche eine Vielzahl von Szenen gemalt war.

„Vorhang und Aufführung sind wie Augenlid und Blick... Wenn sich der Vorhang erhebt, enthüllt er eine Traumwelt, und Träume sind keine Lügen."
Jean-Louis Barrault, 1976

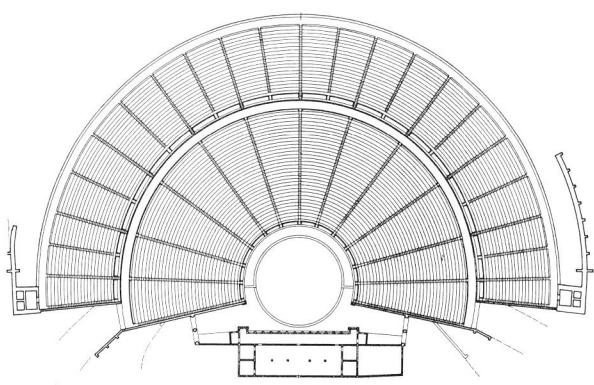

Epidaurus Theater, 340 v.Chr.

Römischer Halbkreis und antiker Wall

Obwohl sich das römische Theater direkt aus dem griechischen Vorbild entwickelte, wurde es im Gegensatz zum letzteren innerhalb der Stadt und auf einem flachen Platz errichtet. Da der Chor nurmehr während der Pause auftrat, schrumpfte die Orchestra zu einem Halbkreis zusammen, um den die Sitzplätze für den Magistrat und die Senatoren waren, während die kaiserlichen Logen über den seitlichen Eingängen lagen. Die halbkreisförmigen Ränge waren gekrönt von einem Portikus und wurden von einem Gewölbegerüst aus Bruchsteinmauerwerk getragen, das die Galerien und die Treppen zur vomitoria enthielt. Die Wand der scaena, die bis zu den Enden des Halbkreises reichte und dieselbe Höhe erreichte, war ein bleibendes Bühnenbild in Form der Nachbildung einer Palastfassade. Das Proszenium war mit Tapetenstoff verkleidet, mit Möbeln und drehbaren Prismen ausgestattet und wurde verdeckt von einem Vorhang, der zu Beginn einer jeden Vorstellung herabgelassen und am Ende heraufgezogen wurde. Das Gebäude, gelegentlich von einem Zeltdach bedeckt, war von einer Fassade umschlossen, die die drei römischen Stände in den übereinanderliegenden Arkaden zum Ausdruck brachte.

Gegen Ende des römischen Reichs vermischte sich die entartete Schauspielkunst mit Zirkusspielen: Naumachien, Wettkämpfe und sportliche Turniere eroberten die Orchestra. Die literarischen Aktivitäten wandten sich einem neuen Genre zu, nämlich der öffentlichen Rezitation, dargeboten in den Odeons – rechteckigen überdachten Gebäuden, die ihren Ursprung in den griechischen Provinzen des Reichs hatten.

Mittelalterliche Bühnen und Simultanschauplätze

Nach dem Fall des römischen Reichs verbannte die Kirche das Theater. Trotzdem waren die frühesten Texte des mittelalterlichen Theaters – ursprünglich in Form von Bildern – aus der christlichen Liturgie entnommen. Passagen aus dem Neuen Testament, die Leben von Heiligen oder historische Legenden inspirierten die Autoren – Mönche und Geistliche –, während in den Strassen Jongleure und Spassmacher ihre Zuschauer amüsierten. Aus diesen religiösen und profanen Quellen entwickelte sich eine Vielzahl von schauspielerischen Genres: Possen, Satiren, Schäferspiele, Schauspiele über Sittlichkeit, Wunder und Mysterien.

Im elften Jahrhundert wurden die Schauspiele in Kirchen aufgeführt, vor dem Altar oder im Kirchenschiff. Später, als die Aufführungen auf dem Kirchplatz oder einem öffentlichen Platz stattfanden, waren die Installationen, obgleich provisorisch, recht eindrucksvoll. Die Bühne, auf einem Podium oder auf beweglichen Karren errichtet, war mit einem stattlichen Aufbau verkleidet, der Städte, Häuser, Himmel und Hölle usw. symbolisierte. Die Masse der Zuschauer sass auf dem Boden oder auf Holzbänken, für die Privilegierten standen Logen zur Verfügung. Das Schauspiel vereinte unterschiedliche Ausdrucksweisen (Lieder, Musik und Poesie), verschiedene Genre (Tragödie, Komödie) und kannte nicht die Einheiten der Komposition (Handlung, Zeit und Ort). Das Ereignis fand von einem Ende der Bühne bis zur anderen statt: die Inszenierung war simultan.

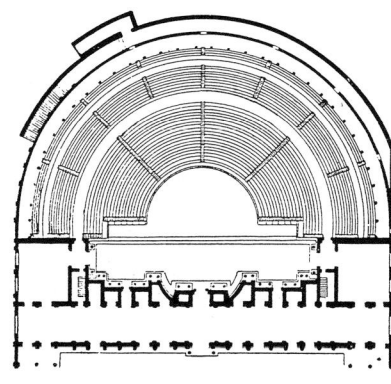
Orange Theater, 50 v.Chr.

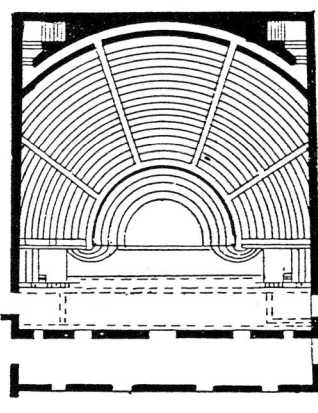
Pompeii Odeon, 75 v.Chr.

Bühnenbild für die Valencienner Passion, 14. Jhrdt.

Elisabethanische Galerien und Schnabelbühnen

Mitte des sechzehnten Jahrhunderts bauten umherreisende professionelle Schauspielerensembles ihre Bühnen in den Innenhöfen von Gaststätten auf: Die Zuschauer standen im Hof um die Bühne herum oder in den Galerien in den oberen Stockwerken des Gasthofs. Die ersten ständigen Theater wurden in London während der Regierungszeit von Elizabeth I. gebaut, und die Schauspieler, die sich zu Aktionärsgemeinschaften zusammenschlossen, waren die Besitzer. Um den Zwängen, die in einem Schauspielerstatut niedergelegt waren, zu entgehen, wurden die Theater ausserhalb der Stadtmauern errichtet. Die Holzgerüste mit einem polygonalen oder kreisförmigen Grundriss folgten derselben Anordnung wie die ursprünglichen provisorischen Installationen. 1576 baute James Burbage für sein Ensemble ein Theater – das erste elisabethanische Modell, das später von allen öffentlichen Theatern, einschliesslich Shakespeares Globe, nachgeahmt wurde. Die nicht überdachten Sperrsitze waren umgeben von einem Kranz aus drei übereinanderliegenden Galerien. Daran lehnte sich die Bühne an, sozusagen eine „Schnabelbühne", denn das Proszenium streckte sich bis in die Mitte des Kreises vor. Die Bühnenwand, von zwei Türen durchbrochen und überragt von einer Kolonnade, war mit einem strohgedeckten Vordach überdacht, das von zwei Pfosten getragen wurde. Die Aufführungen fanden bei Tageslicht statt; es gab keinen Vorhang und keinen gemalten Hintergrund, lediglich einige Requisiten und sehr sorgfältig gearbeitete Kostüme.

Amphitheater der Renaissance und Illussionsbühnen

Mit der Entdeckung der linearen Perspektive und der Wiederentdeckung der Werke der alten Griechen schufen die italienischen Humanisten die Voraussetzungen für einen neuen Theatertypus. Die ersten Abhandlungen über Bühnenbilder wurden veröffentlicht, wie das „Zweite Buch über die Perspektive" von Serlio. Die Übersetzung von klassischen Schauspielen förderte die Entstehung eines akademischen Theaters, das vor einem wohlbelesenen Publikum auf provisorischen Bühnen in Palästen aufgeführt wurde.
1580 beauftragte die Olympische Akademie in Vicenza Palladio mit dem Bau eines ständigen Theaters – dem ersten seit den römischen Odeons –, angeregt durch das klassische Vorbild, das Vitruvius in seinen „Zehn Büchern zur Architektur" beschrieben hatte. Die hölzernen Ränge wurden in einer halbelliptischen Anlage innerhalb einer rechteckigen Halle errichtet und waren gekrönt durch einen von Statuen überragten Portikus. Die Bühnenwand war in Anlehnung an die römischen frons scaenae dekoriert und hatte drei Türen. Nach Palladios Tod fügte dessen Schüler Scamozzi ein weiteres Bühnenbild hinzu in Form von fünf perspektivisch gemalten Strassen, die in einem angenommenen Fluchtpunkt endeten. 1588 baute er das Sabbioneta Theater mit einem engeren Auditorium: Die Ränge schlossen sich in einer halbkreisförmigen Anordnung nach innen, die Bühnenwand war verschwunden, und eine einzige Perspektive ersetzte die Vielzahl von Perspektiven beim Vicenza Theater.

Swan Theater, London, um 1600

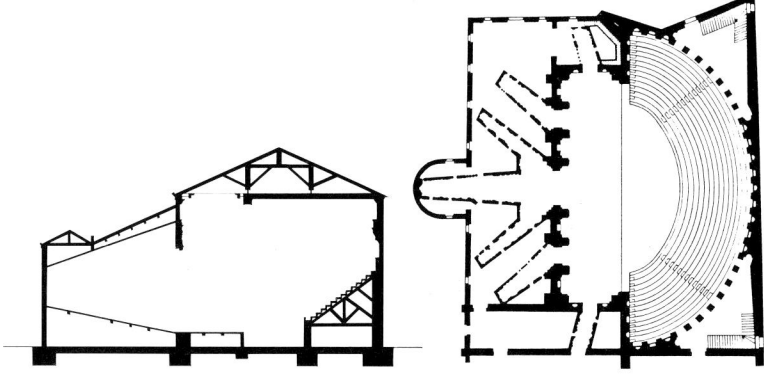

Teatro Olympico, Vicenza, 1585

U-förmiges Auditorium und Kulissen

Zu Beginn des siebzehnten Jahrhunderts hatte die Weiterentwicklung der Theorie von perspektivischen Fluchtpunkten die Einführung einer neuen Art von Bühnenbild zur Folge: Tiefeneffekte, seither dreidimensional nach der Methode von Serlio erzeugt (wie die „Strassen" im Olympico und Sabbioneta Theater), konnten nunmehr zweidimensional, entsprechend der von Sabbatini im Jahr 1630 in seiner Abhandlung über die Konstruktion von Bühnen und Maschinen aufgestellten Theorie, angelegt werden. Der Übergang von der plastischen Dekoration (aufgebaut aus eckigen Rahmen mit übertriebener Perspektive) zur bildlichen Perspektive (montiert auf flachen hintereinanderliegenden Rahmen) eröffnete neue Möglichkeiten: Endlich konnte der Schauspieler in die Bühnendekoration eintreten, ohne den Massstab zu sprengen, und das Bühnenbild konnte durch die verschiedenen, auf Schienen gleitenden Kulissen ausgetauscht werden.

Es war in Parma, im Theater des Farnese Palasts, 1628 von Aleotti gebaut, wo die erste Bühnenkonstruktion mit beweglichen Kulissen zwei ganz entscheidende Entwicklungen für die Gestaltung hervorrief: Die Erfindung des Bühnenportals, das die beweglichen Kulissen versteckt, und die Verstärkung der Längsachsen des Auditoriums als Verlängerung des Fluchtpunkts der Bühnenperspektive. Der Halbkreis nahm eine längere U-förmige Form an, und die Prinzenloge lag auf der idealen Achse, von der aus das Bühnenbild optimal zur Wirkung kommt.

Die italienische Bühne und Bühnenmaschinerie

Die Einführung der Kulissenbühne in Parma durch Aleotti fand gleichzeitig statt mit der Geburt der Oper in Florenz durch Monteverdi. Die Verbindung von Theater und Musik führte zu einer grösseren Perfektion. Im Theater fand der Wechsel des Bühnenbilds ursprünglich während der Pausen statt; in der Oper dagegen wurde der Wechsel völlig sichtbar während der Aufführung vorgenommen.

1641 verbesserte Giacomo Torelli im Theater Novissimo in Venedig das System der Kulissen: Er zentralisierte die Handhabung der Bühnenbilder unterhalb der Bühne mittels Kurbeln, die dank eines Systems aus Hebeln und Gegengewichten ein gleichzeitiges Bewegen von mehreren Kulissen ermöglichten. Die Bühne wurde in drei Richtungen ausgedehnt: Die Flügel wurden erweitert, um Platz zu schaffen für die Bewegung der Kulissenrahmen, die Bühnenwand wich weiter zurück und unter der Bühne wurde mehr Raum geschaffen zur Aufnahme der Maschinerie, während oben ein Schnürboden eingeführt wurde, um den Bühnenvorhang und -himmel leichter bewegen zu können. Die italienische Bühne, diese magische Box, rühmte sich nun aller Eigenschaften, die sie bis in unsere heutigen Tage und ungeachtet der technischen und künstlerischen Revolutionen, die sie bestehen musste, zu einem unvergleichlich wirkungsvollen Instrument machten.

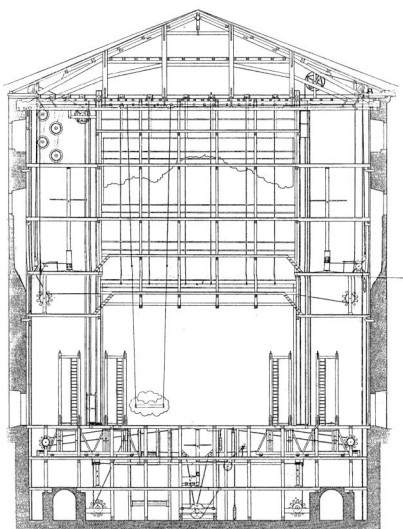

Querschnitt: Schnürboden und Unterbühne einer italienischen Bühne

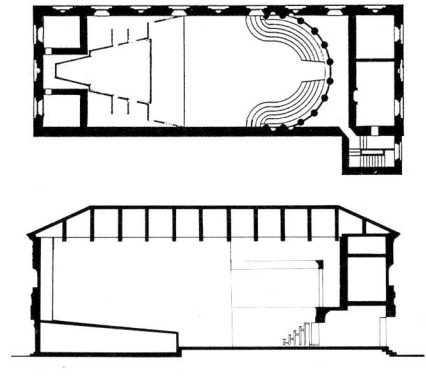

Sabbioneta Theater, 1588

Konstruktion einer Kulissenbühne

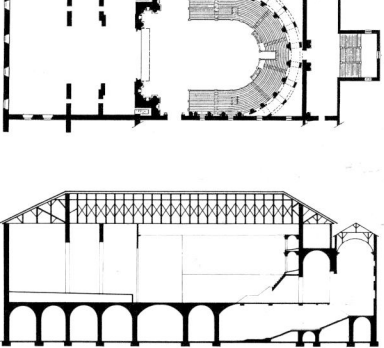

Teatro Farnese, Parma, 1626

Das italienische Auditorium und Logen

Im Jahr 1600 zeugten die Feierlichkeiten in Zusammenhang mit der Heirat von Marie de Médicis mit Henri IV von dem beginnenden Zeitalter der Oper. In den aristokratischen Kreisen entstanden, breitete sich diese Kunstrichtung schnell in allen italienischen Städten aus; 1637 baute die Republik Venezien das erste öffentliche Opernhaus, und ein neuer Typ des Auditoriums war geboren.

Von nun an musste Eintritt bezahlt werden. Die Gestalt des Auditoriums – die die U-förmige Anlage der Teatro Farnese mit Logen anstelle von Rängen aufgriff – reflektierte die unterschiedliche soziale Stellung des Publikums. Das Parterre war für die Bürgerlichen, die hinter dem Geländer des Orchestergrabens standen (die Musiker, die ursprünglich hinter der Bühne versteckt waren, später dann in seitlichen Balkonen, waren nun unterhalb der Bühne), während die umliegenden Logen jährlich vermietet oder auf Lebenszeit in Besitz von einflussreichen Familien waren.

Das italienische Auditorium – ein Zylinder mit wabenförmigen Logen – verkündete die Entstehung des Klassentheaters. Dieses Vorbild wurde, mit einigen Veränderungen, von allen Schauspielgenres übernommen, und breitete sich mit nationalen Varianten in allen Ländern Westeuropas aus – zuerst in Frankreich und England, dann in Österreich und Deutschland.

Französische Varianten

Das siebzehnte Jahrhundert – das in Frankreich dem klassischen Schauspiel mit Meisterwerken von Corneille, Molière und Racine den Weg bereitete – brachte paradoxerweise eher mittelmässige Theater, die noch immer stark beeinflusst waren von der rechteckigen Geometrie von Sportplätzen. Neue Techniken in der Bühnendarstellung wurden von Italien importiert, insbesondere von Torelli, den Mazuarin 1645 an den Hof einlud. Der Geist des italienischen Barock und der Wechsel des Bühnenbilds waren jedoch wenig geeignet für den französischen Klassizismus, der von den Regeln der drei Einheiten im Schauspiel ausging. Die Bühnenbilder blieben symbolisch (Paläste in Racines Tragödien, Schlafzimmer in Molières Komödien) und wurden nur zwischen den Akten gewechselt.

1660 baute Vigarani im Palast der Tuilerien ein Theater mit einer enorm tiefen Bühne, die ihm die Bezeichnung Maschinenhalle einbrachte. Hier wurden die französischen Bühnenbezeichnungen „court" und „jardin" geprägt, in bezug auf die Position der Bühne in Relation zu den Tuilerien.

1689 griff die Comédie francaise von Francois d'Orbay den italienischen Trend auf, behielt aber einige nationale Charakteristika bei wie das Parkett (Sitze zu beiden Seiten der Orchestra), die Corbeille (stufenweise erhöhte Sitzreihen im Parkett) und die seitlich zur Bühnenebene installierten Zuschauerränge.

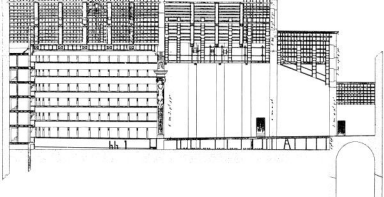

Dachkonstruktion und Längsschnitt eines italienischen Theaters

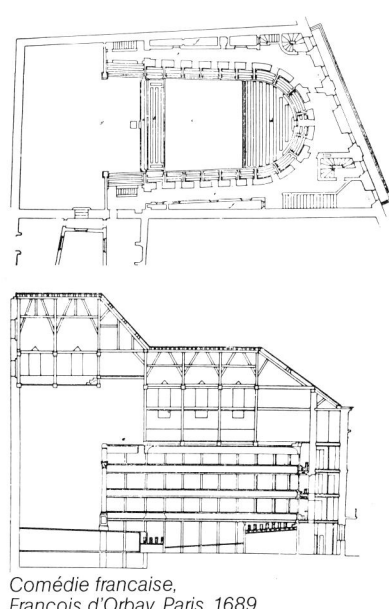

Comédie francaise, Francois d'Orbay, Paris, 1689

Englische Varianten

Neben den öffentlichen elisabethanischen Freilichttheatern hatte England auch seine privaten, überdachten Theater in Universitäten und Palästen. In diesen zuletzt genannten Theatern wandte Inigo Jones nach seiner Rückkehr aus Italien Palladios Lehren an, insbesondere in dem 1630 gebauten Cockpit in Court, bei dem die Bühnenwand, obwohl gekurvt, beeinflusst war vom Teatro Olympico. 1642 schloss das Parlament alle Theater. 20 Jahre später, zur Zeit der Restauration, wurden sie wieder legalisiert; aber die Einführung des perspektivischen Bühnenbilds – nicht zu vereinbaren mit der Schnabelbühne – läutete das Ende des elisabethanischen Theaters ein.

Die englische Eigenart verschwand jedoch nicht infolge des italienischen Einflusses. 1672 baute Christopher Wren das königliche Theater in Drury Lane; die Kulissenbühne entsprach zwar dem italienischen Vorbild, aber das Auditorium war anders gestaltet. Die Sperrsitze waren in gekurvten Rängen angelegt, darüber waren zwei Balkone, die sich an die Rückwand anlehnten. Die Seitenwände des Auditoriums reichten bis zum Proszenium, orientierten sich nach dem Fluchtpunkt der Bühnenperspektive und gaben dem Auditorium eine fächerartige Form. Das Proszenium erstreckte sich bis in die Mitte des Auditoriums und die Schauspieler, die durch die berühmten Seitentüren eintraten, agierten auf der Vorderbühne.

Der Höhepunkt des italienischen Vorbilds

Im späten achtzehnten Jahrhundert hatte sich die Oper in ganz Europa ausgebreitet. Die Geometrie des italienischen Auditoriums erlaubte eine grosse Vielfalt von Varianten (Hufeisenform, Lyra, erweiterte U-Form und abgestumpfte elliptische Grundrisse) als Möglichkeiten für eine ideale Kombination von Akustikkurven und Sichtlinien.

Das Theater, inzwischen kommerzialisiert, war nun ein gesellschaftlicher Treffpunkt. Man traf sich dort, um gesehen zu werden. Die fiktive, grandiose Welt der Bühne war aus ihren Grenzen ausgebrochen, und die Architektur bildete nun einen Rahmen für die Zuschauer selbst. Die Auditorien wurden wesentlich vergrössert. Logen, Suiten, Salons und Korridore wuchsen rund um die Sperrsitze, während Foyers, grosse Treppen, Hallen und Portiken der Eingangsfassade angefügt wurden und dem Gebäude ein monumentales Aussehen verliehen; das Auditorium war eigentlich nur noch ein winziger Teil des gesamten Gebäudes. Theater – früher in bestehenden Gebäuden eingerichtet – wurden Bauten mit eigenem Anspruch, die aufgrund der Brandgefahr häufig an isolierten Standorten errichtet wurden. Sie hatten jetzt auch städtebaulich eine strategische Bedeutung.

Das von Italien importierte Vorbild erreichte seinen Höhepunkt im Jahr 1778 mit dem Bau der Scala in Mailand und danach die Fenice in Venedig.

Cockpit in Court,
Inigo Jones/John Webb, London, 1630

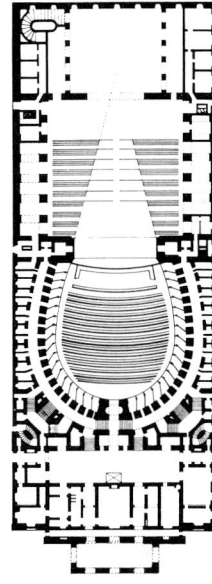

Scala, Joseph Piermarini,
Milano, 1778

Das Revival des Amphitheaters

Frankreich übernahm erst spät dieses Vorbild; es brauchte erst der Kritik Voltaires, bevor in der Comédie francaise die Zuschauer von der Bühne verdrängt und in den Sperrsitzen Sitzplätze eingerichtet wurden.

1778 führte Claude-Nicolas Ledoux mit seinem Besancon Theater eine neue Art der Gestaltung ein, die die soziale Umwälzung der Französischen Revolution bereits andeutete. Um den trennenden Charakter in der Logenanordnung des italienischen Theaters abzuschwächen, ersetzte Ledoux diese durch Balkone, die nicht mehr übereinander lagen, sondern stufenweise in Rängen. Diese Reminiszenz an die klassische cavea reflektierte eine Umkehrung der traditionellen Hierarchie der Plätze. Die ärmsten Zuschauer, früher im Parterre, waren nun auf die oberen Balkone verwiesen, hinter der Kolonnade. Ledoux gab einen Vorgeschmack auf das, was Wagner ein Jahrhundert später realisierte: ein wirkliches Revival des Amphitheaters. Trotzdem wurde das Prinzip der Logen bei den meisten Theatern des neunzehnten Jahrhunderts beibehalten: man soupierte und plauderte und traf sich zum Rendez-vous in diesen echten Salons, während die Aufführung relativ bedeutungslos war.

Um 1830 wurde mit der Einführung des Gaslichts das Auditorium von nun an während der Aufführung in Dunkelheit getaucht.

1876 gestaltete Richard Wagner in Bayreuth gemeinsam mit dem Architekten Bruckwald ein Auditorium, das ausschliesslich der Aufführung seiner Opern diente. Weil er den Eklektizismus der Theater des neunzehnten Jahrhunderts ablehnte, die er als eine „Architektur der Effekthascherei" bezeichnete, suchte er die Harmonie und Gemeinschaftlichkeit des antiken Theaters wiederzuentdecken. Lediglich die unvergleichliche Bühnenmaschinerie übernahm er vom italienischen Modell; das Logensystem wurde durch ein sich fächerförmig ausbreitendes Amphitheater ersetzt, das allen Besuchern die gleichen Sicht- und Hörbedingungen bot.

Die von Wagner eingeführten Elemente erzeugten wieder die Einheit von Bühne und Auditorium. Der Graben zwischen Bühnenboden und den Rängen wurde reduziert, indem der Orchestergraben weitestgehend unterhalb der Bühne versenkt wurde. Der Bühnenrahmen wurde in seiner Wirkung abgeschwächt, weil er dem Rhythmus und der schrägen Linie der seitlichen Stufen des Auditoriums folgte.

Die Bayreuther Oper markierte einen entscheidenden Wendepunkt in der Entwicklung der Theaterarchitektur: Seit der Renaissance hatte der Bruch zwischen Bühne und Auditorium ständig zugenommen. Zum ersten Mal seit drei Jahrhunderten wurde die Entwicklung umgekehrt. Wagners Meisterwerk kündigte die grossen Umwälzungen des modernen Theaters an.

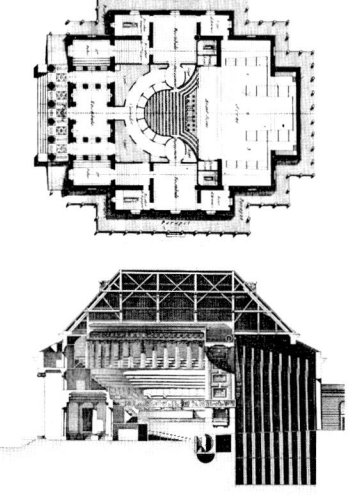

Besancon Theater,
Claude-Nicolas Ledoux, 1785

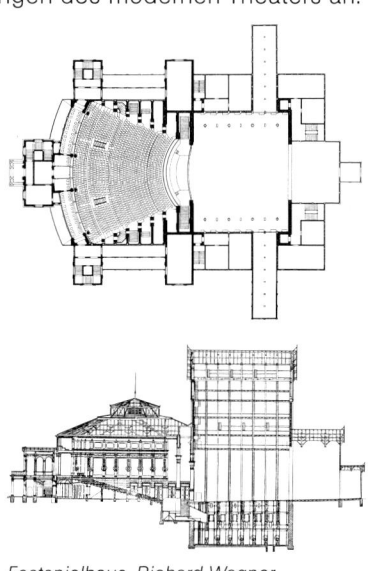

Festspielhaus, Richard Wagner
und Otto Bruckwald, Bayreuth, 1876

Die Vielfalt im modernen Theater

Die Befreiung von den Zwängen des italienischen Modells sollte sich mit den technischen, künstlerischen und sozialen Veränderungen des zwanzigsten Jahrhunderts fortsetzen. Dem illusionären Bühnenbild, früher in Halbschatten getaucht, wurde mit der Entdeckung des Kinos ein verhängnisvoller Schlag versetzt, dann durch Kubismus und abstrakte Kunst, die die traditionelle Raumvorstellung und die perspektivische Darstellung zunichte machten. Gemalte Bühnenbilder regten die Phantasie nicht mehr an und wurden von mehr abstrakten plastischen Bühnenbildern abgelöst, deren beschwörende Kraft noch durch die enormen Möglichkeiten der Beleuchtung verstärkt wurde. Die italienische Bühne, das Guckkastentheater mit Portal und eisernem Vorhang, passte nicht mehr zu dieser Art Bühnenbild. Aber vor allem passte es nicht mehr zu der modernen Dramaturgie, die – um sich vom Kino abzuheben – im wesentlichen auf dem Spiel des Schauspielers beruht, auf seiner Präsenz mitten unter dem Publikum.

Die Behandlung des theatralischen Raums zielt nicht mehr darauf ab, ein Abbild der Realität zu schaffen, sondern dient zur Hervorhebung der wesentlichen Strukturen des Stücks. Deshalb waren mehr noch als die Architekten die Regisseure die treibende Kraft bei Veränderungen des Theaterraums. Appia in der Schweiz, Reinhardt in Deutschland, Copeau in Frankreich, Craig in England und Meyerold in der UdSSR versuchten sich alle vom Joch des italienischen Modells zu befreien; allerdings waren die von ihnen vorgebrachten Vorschläge sehr unterschiedlich und reichten von der riesigen Arena mit veränderbarem Proszenium (Grosses Schauspielhaus von Hans Poelzig) bis zum kleinen frontalen Auditorium ohne Bühnenrahmen (Vieux Colombier, umgewandelt von Louis Jouvet). Von nun an, um Copeau zu zitieren, „bestimmte nur noch die dramatische Aktion die architektonische Form der Bühne"; und die Theaterleute wollten – statt feste Regeln für den modernen Theaterraum festzulegen – einen Ort haben, der ihren eigenen Anforderungen gerecht wird, der die notwendige Flexibilität bietet für ihre Experimente. Aus diesen Erfahrungen heraus entwickelten sich vier Trends: die vom italienischen Modell oder dem wagnerianischen Amphitheater abgeleiteten Auditorien, bei denen die Bühne-Auditorium-Dualität durch das flexible Proszenium abgeschwächt ist; die auf dem elisabethanischen Modell basierenden Auditorien, die Bühne und Auditorium in einem gemeinsamen Raum integrieren; die veränderbaren Auditorien, bei denen diese Beziehung für jede Aufführung neu definiert wird; und die Abwanderung in Räume, die ursprünglich nicht als Theater dienten. Trotz dieser unterschiedlichen Entwicklungen hat Denis Bablet zwei Gemeinsamkeiten herausgegriffen: „Der Versuch, den Schauspieler näher zum Publikum zu bringen, und der Wunsch, die Bühne wieder als einen Aktionsraum – statt als eine Trickbox – zu sehen, um die Realität des theatralischen Raums, seine Wahrheit neu zu entdecken".

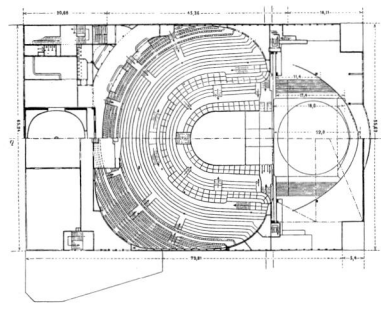

*Grosses Schauspielhaus,
Hans Poelzig, Berlin, 1919*

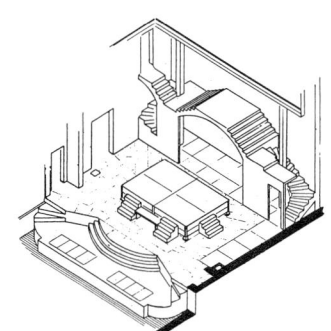

*Umwandlung des
Vieux Colombier Theaters
mit „Architektur-Bühnenbild",
Louis Jouvet, Paris, 1921*

INTERVIEWS

TADEUSZ KANTOR

EIN MIT DEM LEBEN VERBUNDENER ORT

„Odysseus' Heimkehr",
Clandestine Theater, 1944.

Die besten Orte für mein Theater waren eine Wäscherei in Polen... und ein Bahnhof voll mit Zügen. Wir haben auch auf einem Gletscher in Yugoslawien gespielt, ebenso in Räumen von Titos Palast für das deutsche Fernsehen, im Casino in Bled und selbst an einem Strand ... Die Zuschauer waren rein zufällig dort. Auf dem Gletscher war eine Skischule das Publikum; im Casino ältere amerikanische Damen, die die Spieltische umlagerten; im Bahnhof die Passagiere; und in den Räumen von Titos Palast war niemand.

Es ist nicht der architektonische Raum. Es ist etwas anderes. Ich bin gegen Räume. 1963 gab es in der Inszenierung von „Der Verrückte und die Nonne" keinen Raum, aber eine Menge Stühle – eine „Zerstörungsmaschine" aus sich bewegenden leeren Stühlen, die den Raum zerstörten. Es gab nur einen schmalen Durchgang, einen Pfad zwischen den Stühlen, und die Schauspieler mussten um ihren Lebensraum kämpfen. Es war sogar recht gefährlich, denn sie fielen öfters ins Publikum!

Ich sehe mich nach Orten um, die nicht als Theater gebaut wurden. Das Theater ist der letzte Ort, an dem eine Inszenierung aufgeführt werden kann! Deshalb muss man einen Ort finden, der mit dem Leben verbunden ist, wo das Leben funktioniert. Was tut man mit einer Wäscherei, einem Bahnhof, einem Casino? – Man behält alle ihre Funktionen bei, auch die Funktionen der Leute, die dort arbeiten. Die Wäscherinnen, zum Beispiel, waschen weiter die Wäsche und werden nach und nach zu Schauspielerinnen. Es sind Personen, wie man sie im täglichen Leben findet – wie bei Marcel Duchamps –, plötzlich hören sie auf zu waschen und tun etwas anderes. Die mit dem Ort verknüpfte Funktion ist die Anfangshandlung, dann wird sie transformiert... wie in einem Traum.

1956 spielten wir „Octopus" ohne Bühne in einem echten Café. Alle tranken und dann, mitten in der Caféhaus-Atmosphäre, erschien Papst Julius II, der Diktator, die Hure und grosse Schauspieler wie Witkiewicz. In dieser Umgebung erschienen sie wie Geister, nicht wie verkleidete Schauspieler. Sie verhielten sich wie in einem Café, und nach und nach nahm ihr Verhalten eine andere Realität an – die des Theaterstücks.

1972 spielten wir dann „Die Schönen und die Hässlichen" in den Kellern der Krysztofory Galerie in Krakow. Wir verwandelten den Raum in eine Theatergarderobe. Zwei Schergen, Zwillinge, spielten die Garderobieren. Sie nahmen den eintreffenden Zuschauern ihre Hüte und Mäntel ab; diese waren halb amüsiert, halb erschrocken darüber, dass sie etwas abgeben sollten, bevor sie sich hinsetzten.

Danach gab ich diese Idee auf, denn ich empfand, dass die Zeit der Einbeziehung des Publikums vorbei war. 1978 rief uns bei der Aufführung des Stücks „Die tote Klasse" in Rom das Publikum zu: „Aber was sollen wir tun?" und ich antwortete dann: „Nichts!". Obwohl die Bühne dem Publikum nicht mehr offen steht, sollte sie doch ein gemeinschaftlicher Ort bleiben. Beim idealen Grundriss gibt es keine Trennung zwischen Bühne und Auditorium. Wenn die Architektur das erlaubt, ist es natürlich um so besser. Mehr als alles andere ist es die Atmosphäre der Bühne, die die Gemeinsamkeit zwischen Schauspielern und Publikum herstellt. Die Zuschauer sind so gefesselt von dem, was auf der Bühne vor sich geht, dass sie selbst teilnehmen, aber es ist eine innere Teilnahme. Die Realität auf der Bühne überbrückt die Trennung, nicht in physischem Sinn sondern mehr mystisch. Es ist schwer zu erklären, denn es ist die Rolle und die Einstellung der Schauspieler, die diese Einheit schaffen. In meinen Aufführungen sind die Schauspieler nicht Schauspieler. Sie sehen meist aus wie das Publikum – Leute, die nicht verkleidet sind, oder wenn sie es sind, dann tragen Sie deutliche Verkleidung. Es gibt keine Illusion; das ist wichtig: Die Abwesenheit von jeglicher Illusion erzeugt diese psychische Gemeinsamkeit.

Ich hasse es in Theatern nach italienischem Vorbild aufzutreten, obwohl es sich manchmal nicht vermeiden lässt. Ich akzeptiere die Bedingungen an den Orten, an die wir eingeladen werden. Als wir in Sydney waren in dem riesigen Opernhaus fragte mich der Direktor: „Wird der Ort Ihre Idee zerstören?" Ich hatte eher das Gefühl, dass unsere Idee sein Opernhaus zerstören würde.

Inzwischen ist der Ort kein Problem mehr. Ich hatte angefangen mit der Vorstellung: ein Ort, der nicht speziell als Theater gedacht ist, der im Leben steht. Mit den Jahren ist das weniger wichtig geworden, wie ein Wegweiser, der nicht mehr gebraucht wird. Die angezeigte Richtung hat ihre Notwendigkeit verloren, ihren strengen Charakter. Obwohl es hinter uns liegt, denken wir aber noch daran. Es ist mein Verhalten. Ich habe Ideen, die subversiv sind, wie es die Avantgarde ist. Später lasse ich sie fallen, sie sind zu schwer für eine Fortsetzung. Das ist das Schicksal aller künstlerischen Bewegungen.

Man muss eine Formel erfinden. Dann muss man sie fallen lassen. Aber man muss immer diese Spur beibehalten, den Radikalismus bewahren.

(Das Gespräch fand im Februar 1989 statt)

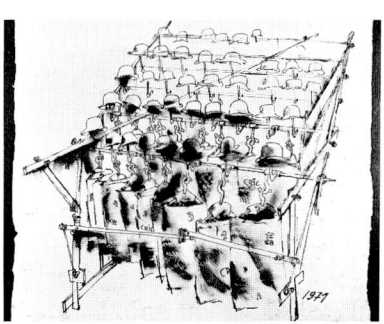

„*Die Schönen und die Hässlichen*" (Les Mígnons et les Guenons), Cracovie, 1972.

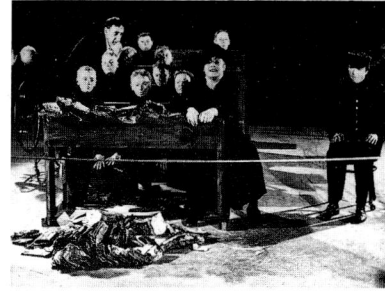

Die tote Klasse, 1975.

ARIANE MNOUCHKINE
EIN LEERER RAUM FÜR INSPIRATION

1789, Théâtre du Soleil, 1971.

„Die schreckliche aber unvollendete Geschichte von Norodom Sihanouk, König von Kambodscha", Théâtre du Soleil, 1985.

Wie war es möglich, Theater zu spielen in einer Waffenfabrik – das war die Nutzung der Cartoucherie in Vincennes, als wir 1970 einzogen –, bei all dem Schmutz, in einem schwarzen Loch, schmierig und voll mit Maschinen und mit einem undichten Dach? Wie soll ein solcher Raum die Vorstellungskraft inspirieren?

Zunächst soll der Ort des Theaters eine inspirierende Leere sein – für die Schauspieler, die Regisseure wie auch für das Publikum. Er sollte die Fähigkeiten der Zuschauer anregen. Vielleicht hat er eine mütterliche Seite; er ist ein Loch, ein Behälter. Es gibt herrliche Orte, die so vollständig sind, dass sie kein Theater mehr aufnehmen müssen. Das ist auch ein Fehler bei bestimmten phantastischen Dekorationen, wo das blosse Spiel mit dem Licht alles ist, was man braucht. Und dann gibt es die Leere, die obwohl herrlich, nicht notwendigerweise inspiriert. Vakuum und Licht reichen nicht. Wenn jemand mittags an einen leeren Strand gesetzt wird, bin ich nicht sicher, ob dies aus theatralischer Sicht inspiriert. Die Welt – mit all ihren grossen und kleinen Aspekten – muss in diesem Vakuum erscheinen. Grenzen müssten auf einem solchen Strand gezogen werden, um eine Vorstellung von der Unendlichkeit zu geben. Unendlichkeit existiert nur, wo es Grenzen gibt; die Galaxie ist nicht theatralisch.

Der Massstab des Theaters ist der menschliche Massstab, der einer Gruppe von Zuschauern. Wenn die Expressionen des Schauspielers nicht mehr sichtbar sind, ist es vorbei. Die sichtbare Verbindung ist wichtiger als die akustische, denn letztere kann immer verbessert werden. In ungünstigen Fällen kann der Schauspieler sich dem Publikum zuwenden, lauter sprechen oder rufen, auch wenn die Sensitivität um der Intensität willen geopfert wird. Aber er kann nicht mit seinen Augen schreien.

Es gibt deshalb praktische, fühlbare Grenzen wie auch solche, die es dem Zuschauer erlauben, die Unendlichkeit wahrzunehmen. Man legt einen Teppich auf den Boden und ein indischer Schauspieler läuft herein. Obwohl er von einem harten, einschüchternden, kleinbürgerlichen Theater umgeben ist, ist der Teppich sein Universum. Es ist eine klar umrissene, überschreitbare Grenze, aber sie erlaubt sowohl dem Schauspieler als auch dem Zuschauer abseits zu stehen und eine sich verändernde Welt zu schaffen; derselbe Schauspieler auf demselben Teppich wird spielen als wäre er auf See, in den Bergen oder auf einem Pferderücken.

Während einigen Jahren haben wir in frontaler Anordnung gespielt. In unseren vergangenen Aufführungen bewegte sich das Publikum in alle Richtungen, die Sitze waren verstellbar und das Publikum formte Hohlräume und Buckel. Heute möchte ich diese frontale Beziehung, die Schauspieler und Publikum körperlich und geistig verbindet. Da wir dem Text grössere Bedeutung beimessen und die Dinge mit grösserer Intensität und Tiefe vortragen wollen, sollten wir bessere akustische Bedingungen schaffen. Schliesslich hat der Text zu einer bestimmten Art von Architektur geführt.

Die Cartoucherie ist für uns fast ideal. Natürlich ist die Decke etwas niedrig und das Tragwerk ist uns manchmal im Weg, aber es ist ein Haus, ein Theater, ein grosser harmonisch geformter Schirm, das Material ist solide und es kann geformt, bemalt, arrangiert und bespannt werden. Es gibt weder Holzrahmen noch metallene Wände, die vibrieren, sondern Mauern und ein Dach. Warum ist eine Fabrik häufig besser geeignet

für das Theatermilieu als irgend ein anderer Ort? Weil sie gebaut wurde als Hülle für Herstellung, Produktion, Arbeit, Erfindung, Explosionen!
Die Cartoucherie ist das Gegenteil von einer black box – die berühmte technische Mehrzweckbox, die aber jede Menge Grenzen hat. Vor einigen Jahren sagten die Direktoren: „Gebt uns einen neutralen Raum und wir machen alles andere". Ich bin mir nicht sicher, ob sie heute noch dasselbe sagen. Ich spreche von einem leeren Raum, aber einem inspirierenden leeren Raum, der mit Phantasien gefüllt werden kann. Wenn wir auf Tour gehen, suchen wir Orte, die nicht unbedingt Theater sind. Manchmal geht das schief: In einem Bahnhofsmuseum beispielsweise gingen wir völlig unter, erdrückt von dem Ort und der lauten Umgebung. Egal was wir machten, es blieb ein Bahnhof, während ein Theater, in gewissen Momenten, zu einem Tempel wird. Ich glaube, dass man in einem Theater nicht nur die Dekoration für ein Stück sucht, sondern eine einzige Bühne, die durch die Kraft der Imagination von Schauspielern und Publikum ein allumfassendes Ganzes schafft. Das ist es, wonach in ihrer Zeit die griechischen, elisabethanischen und italienischen Theater suchten. Solange wir heute nicht wirklich wissen, womit wir diese Vorbilder ersetzen sollen, könnte man sich eine Art Moratorium vorstellen: den Bau neuer Theater stoppen und dafür das Sterben von Orten verhindern. Es ist schon traurig! Wir sehen wundervolle Räume, die man für Versammlungen, Theater, Musik – was immer man möchte – verwenden könnte und die für immer zerstört werden. .. und durch was werden sie ersetzt?

(Das Gespräch fand im Januar 1989 statt)

1789, Théâtre du Soleil, 1971

PETER BROOK
DIE EINHEIT FÖRDERN

*Probe zu „Les Iks",
Bouffes du Nord, 1975.*

Zuerst ist der Bedarf da: eine Öffentlichkeit, eine Gesellschaft empfindet das Bedürfnis für eine bestimmte Art von Ereignis. Auf diese Art entstand in der Antike das Theater. Heutzutage existiert dieser kollektive Druck nicht mehr. Einzelne und Gruppen bestimmen die architektonischen Bedürfnisse durch den Einsatz ihrer eigenen theatralischen Konzeptionen in ihrer Arbeit.

Die erste Bedingung des Theaters ist die Förderung der Beziehung zwischen Schauspielern und Publikum. Diese Beziehung hängt von ganz präzisen Faktoren ab. Natürlich ist die Sichtbarkeit wichtig, aber mehr noch die Akustik. Ich war einmal in Afrika in einer Art Theater – eine lange Hütte ähnlich einem Schuppen –, in dem ein sehr populärer Komödiant auftrat. Es waren mindestens tausend Zuschauer in einem Raum, der für zweihundert gebaut war. Bei drückender Hitze konnte die Hälfte der Zuschauer die Bühne nicht sehen, aber jedes Wort wurde von den Leuten mit stürmischem Applaus aufgenommen. Akustik ist das unsichtbare Band, das diese Beziehung herstellt – das das Innere des Schauspielers und das Innere des Zuschauers verbindet.

Das Ziel von jeder Aufführung ist, das Publikum zu einem Ganzen zu verbinden. Individuen betreten den Raum, und vorausgesetzt die Aufführung hat Erfolg, die Beziehung ist hergestellt, werden die Leute wirklich eine Einheit. Das ist die grundlegende Basis des Theaters, seine tiefe Bedeutung: Das Gefühl eins zu werden mit den anderen und für eine Sekunde zu erfahren, was es bedeutet, zu einem einzigen menschlichen Körper zu gehören. Deshalb sind die grossen Momente im Theater – beim Lachen oder in der Stille –, wenn das Publikum wie eine einzige Person reagiert.

Von da aus beginnt man zu begreifen, wie ein Neigungswinkel, ein Halbkreis, eine bestimmte Sitzdichte, eine Kontinuität zwischen Auditorium und Bühne nötig sind, um diese Beziehung zu unterstützen. Letztendlich ist aber der entscheidende Faktor, um in diese Beziehung Leben zu bringen, die Atmosphäre. Wenn man ein Theater nach Theorien baut, in schöner Geometrie, wird das Ergebnis nicht geeignet sein für ein Theater. Reinheit, Regelmässigkeit von geometrischen Formen sind nicht unbedingt das, was einen Raum lebendiger, menschlicher werden lässt. Ich weiss, dass Architekten immer fasziniert sind von sehr abstrakten Ideen, wie zum Beispiel die Beziehung zwischen einer bestimmten Krümmung und einem bestimmten Hexagon. Aber man sollte nicht zögern, diese Abstraktion zu zerstören. Beim Bau eines Theaters muss man ständig von menschlichen Empfindungen ausgehen. Das ist nicht ein Aspekt, der später durch Dekoration oder Farbe ersetzt werden kann. Das ist viel fundamentaler. Letztendlich gibt es nur ein Kriterium: die Beziehung zu unterstützen. Das andere ergit sich dann von selbst.

Beim Bouffes du Nord resultiert die Strenge des Theaters aus der Sparsamkeit der Räume – man hat das Gefühl, in einer Moschee zu sein, und man ist angetan von der Schönheit der Proportionen – aber gleichzeitig wird diese Qualität durchbrochen von der baufälligen Erscheinung des Orts. Beide Aspekte sind untrennbar. Wenn das Theater tadellos restauriert würde, würde die Schönheit der Architektur in gewisser Hinsicht die ihr eigene Qualität verlieren und zum Hintergrund werden. Obwohl die wichtigste Funktion des Theaters die Herstellung einer zwischenmenschlichen Beziehung ist, dient es doch auch der Freisetzung von Vorstellungskraft. In der Vergangenheit hatte man die Bühne, den Vorhang und die Illusion des gemalten Bühnenbilds. Das machte mit den Reiz des Theaters aus, und die Leute nahmen von ganzem Herzen an dem Spiel teil und stellten sich vor, das gemalte Bild wäre ein echter Wald. Heute haben wir nicht mehr die gleiche Einstellung zu solchen Tricks. Bei Mahabharata spielte sich die Handlung inmitten alltäglicher Elemente ab: Erde, Ziegel, Wasser. Die Atmosphäre wirkte echt, weil sie aus dem Leben gegriffen war – weil sie aber nicht wirklich echt war, blieb der Schauspieler frei. Er spielte, und das Publikum spielte mit ihm. Er erschien auf der Bühne mit einem Rad, das Rad ist kein Wagen, aber er machte es uns glauben. Er nahm ein Stück Stoff, machte eine Geste, und es schien, als würde ein Wind wehen. Wenn man in derselben Welt ist wie der Erzähler – eine Strasse, eine Stadt oder ein Bazaar – und dieselbe Realität teilt, dann kann die Imagination geweckt werden. Man ist gleichzeitig da und woanders.

Die Theaterarchitektur kann nicht durch formale Dinge festgelegt werden: Man kann nicht „die Bedürfnisse des Kunden" in gewöhnlicher Weise einschätzen. Ausgangs- und Endpunkt sind die gleichen: Eine Co-Existenz zwischen Zuschauer und Schauspieler in einem einzigen Raum herstellen, der sie umgibt und vereint. Dieser Raum – weder kalt, noch steril, noch abstrakt – soll die Imagination anregen, nicht irgendeine Geschichte erzählen. Er sollte warm sein – damit sich jeder behaglich fühlt –, muss aber nicht komfortabel im üblichen Sinn sein, wie ein Wartezimmer. Ein guter Theaterraum kann nicht in einen Konferenz- oder Versammlungssaal umgewandelt werden. Er braucht eine bestimmte Form, eine Farbe, eine Struktur, einen sehr speziellen Klang.

(Das Gespräch fand im Januar 1989 statt)

„Mahabharata",
Bouffes du Nord, 1985.

„Die Tragödie der Carmen"
Bouffes du Nord, 1981.

PATRICE CHEREAU
EIN ADÄQUATES THEATER

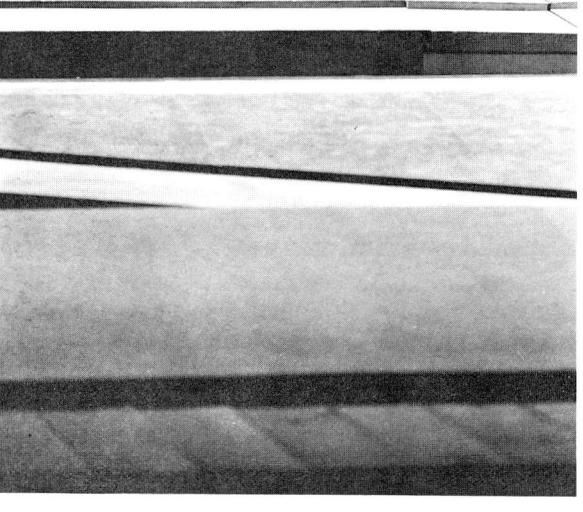

Hamlet, Hof der Papstresidenz, Avignon, 1988.

Generell gesagt habe ich Theater immer in Theatern gespielt. Was wesentlich ist und ein wenig mysteriös, ist die Beziehung zwischen Bühne und Auditorium. In dieser Hinsicht gleicht kein Theater dem anderen, und würde jemand versuchen, ein Auditorium mit genau den gleichen Massen nachzubauen, glaube ich, dass Kopie und Original trotzdem in Feinheiten voneinander abweichen würden.

Natürlich ist die Akustik fundamental, und das ist der Grund, der mich oft davon abhält, ausserhalb von Theatern zu spielen. Das kann auf Tournee sein, aber die Probleme, die in nicht veränderten ehemaligen Fabriken auftreten, haben fast immer mit der Akustik zu tun. Es gibt eine Reihe von Dingen, Nuancen, die man zum Publikum 'rüberbringen muss, selbst wenn man manchmal gezwungen ist, seine Stimme zu erheben und damit Feinheiten in der Interpretation aufgeben muss.

Die Qualität eines Theaters ist vor allem eine Frage der Proportion zwischen Bühne und Auditorium. Die Beziehung, die Balance ist dann richtig, wenn ein entlang dem Bühnenrahmen in zwei gleiche Teile geteiltes Rechteck in der einen Hälfte das Auditorium mit Nebenbereichen – Flure, Foyers – und in der anderen Hälfte die gesamte Bühne umfasst.

Schliesslich ist die Anordnung des Auditoriums sehr wichtig. Das Problem, das ich in italienischen Theatern mit Logen und in englischen Theatern mit Balkonen immer wieder antreffe, ist, dass man eine Aufführung unterschiedlich sieht je nachdem wo man sitzt. Da man bei einer Inszenierung nicht jede Zuschauerposition berücksichtigen kann, wählt man im allgemeinen einen bestimmten Platz, der entweder in der Mitte oder seitlich sein kann, und legt dann von da aus fest, in welcher Weise die Aufführung gesehen werden soll. Es ist wichtig, dass alle Leute, die denselben Eintrittspreis bezahlt haben, dieselbe Aufführung sehen. Im Amphitheater sind die Unterschiede nicht so wesentlich. Es sind für mich die besseren Auditorien. Echte italienische Theater, wie die Scala, gefallen mir nicht, weil die einzigen frontalen Sitzplätze die Sperrsitze und die hinteren Logen sind. Die Bühne ist sehr hoch und der Graben sehr weit. Die meisten Sitzplätze sind deshalb weit hinten und blicken mehr auf das Auditorium als auf die Bühne. In Bayreuth ist die Beziehung zwischen Bühne und Auditorium perfekt. Nirgendwo sonst hat man das Gefühl, so nahe an der Bühne zu sein. Das wird erreicht durch den genialen Einfall, den Orchestergraben unter der Bühne zu versenken bei Verlängerung der Ränge. Ich habe mich immer wohlgefühlt in Auditorien von Amphitheatern mit italienischem Bühnenequipment. Trotzdem hat dieser Bühnentyp Nachteile, die nicht immer zufriedenstellend gelöst werden. Die Bühnenhöhe und das Portal erzeugen manchmal eine zu grosse Trennung vom Auditorium. Lange Zeit gab es eine Art goldene Regel, nach der die Bühne in Augenhöhe der ersten Zuschauerreihe plaziert wurde, was sehr hoch ist. Ideal wäre ein Amphitheater, das in Höhe der Bühne endet, aber das würde bedeuten, dass die Aufführung so weit hinten sein muss, dass jeder die Schauspieler in voller Grösse sehen kann. Andererseits ist direkt über dem Bühnenrahmen immer eine Zone, in der man nichts aufbauen kann – darauf ist der Gebrauch von Vorhängen, Tüchern und Draperien im neunzehnten Jahrhundert zurückzuführen. Es gibt auch heute noch gewisse Nachfolger davon, die bewirken, dass man manchmal ein oder zwei Meter gehen muss, bevor man eine leere Bühne erreicht. Es stimmt, dass sobald man eine Guckkastenbühne hat, diese Trennung existiert und der eiserne Vorhang, den man aus Sicherheitsgründen hat, verstärkt sie noch. Aber in einigen Theatern ist der Übergang von der Bühne zum Auditorium besser ausgebildet, wenn diese Zone schmäler ist. Heute möchte man diese Abtrennung und, wenn der Vorhang aufgeht, die Illusion von irgendetwas nicht mehr haben. Wenn bestimmte Regisseure woanders arbeiten als in Theatern, geschieht dies, weil sie diese Trennung abschaffen wollen: Die Dekoration ist im Auditorium, oder letzteres ist selbst die Dekoration.

In Mehrzweckhallen sind die Inszenierungen viel teurer, weil die Voraussetzungen für jede Aufführung neu geschaffen werden müssen. Letztendlich sind sie auch nicht so flexibel, weil man dort nicht abwechselnd spielen kann, während die italienische Bühne – konstruiert für schnelle Aufführungswechsel – optimale technische und finanzielle Möglichkeiten bietet. Es gibt einen Widerspruch bei den Mehrzweckhallen: Sie erlauben interessante Experimente, sind aber auch viel schwerer wirtschaftlich zu betreiben. Das wiederum begrenzt das Risiko, das man eingehen kann: die Experimente müssen um jeden Preis erfolgreich sein.

Heute ist es nützlich, unkonventionelle Auditorien, wie umgenutzte Bauten oder umwandelbare Räume, zu haben. Aber man kommt immer wieder auf wirkliche Theaterauditorien zurück, weil das immer noch die praktischsten Orte sind. Wenn man ein Loch möchte, kann man es machen... ohne einen Presslufthammer haben zu müssen.

JEAN-PIERRE VINCENT
EIN ORT DER SPRACHE

„Le Misanthrope", Strasbourg National Theater, 1978.

Wenn man die Entwicklungen im zwanzigsten Jahrhundert beobachtet und die jüngeren Trends, dann wird deutlich, dass eines der Hauptprobleme für Theaterleute wie auch für Architekten war, wie die Loslösung vom Theater der Bourgeoisie konkretisiert werden kann. Im Theater der Bourgeoisie – frontal und deutlich charakterisiert durch den Bühnenrahmen – konnte der Schauspieler vor einem verschwommenen Hintergrund an die Rampe treten und in völliger Unschuld vom Leben der Bourgeoisie vor einem bourgeoisen Publikum im neunzehnten Jahrhundert erzählen.

Es gab viele Versuche, diese Situation zu ändern; seit den zwanziger Jahren versuchte man den Bühnenrahmen aufzugeben, führte eine bifrontale Anordnung ein und nahm Anleihen beim Zirkus und anderen populären Veranstaltungen, bis man in den Experimenten der sechziger Jahre den Theaterraum in jeder geometrisch möglichen Weise behandelte. Aber die frontale Beziehung widerstand all diesen Versuchen, sie blieb bestehen.

Sie existiert immer noch sehr nachdrücklich aufgrund der Sprache. Das Theater, obwohl es ein Ort der Imagination ist, ist der Ort der Sprache – Sprache, die ein Mensch an ein Publikum richtet, Worte, die von mehreren Personen vor einem Publikum gewechselt werden. Das Theater ist der Ort für eine gemeinsame Reflektion über Intelligenz. Und diese Intelligenz wird über Klänge aus wirklichen Körpern weitergegeben. Diese Klänge sind bei einer frontalen Anordnung besser hörbar und die Empfindungen, die sie transportieren, besser wahrnehmbar als bei jeder anderen Anordnung. Das ist indessen kein Grund, alternative Experimente bleiben zu lassen. Für bestimmte Gedichte oder menschliche Situationen ist diese frontale Anordnung sicher nicht geeignet. Heute ist das Theater ideal, das sowohl ein frontales Auditorium bietet, in dem diese fundamentale Beziehung entwickelt werden kann, wie auch ein veränderbares Auditorium, das Experimenten offensteht.

Aber es bleibt eine Alternative zu diesen beiden Typen. Das ist die Verwendung eines realen Orts – ein Warenhaus, Bahnhof etc. -, der entweder umgenutzt oder umgebaut wurde. Experimente, die an solchen Orten aufgeführt werden, erscheinen dann auch wieder auf den Bühnen traditioneller Theater. Man hat eingesehen, dass auch das Theater ein realer Ort ist. Im bourgeoisen Theater hat die Fiktion die Realität des Ortes aufgehoben. Heute lässt man die Bühne frei einsehbar, bis auf ein paar Requisiten – eine Verstärkeranlage oder ein Tonband. Der Theaterraum und seine Wahrnehmung durch die Zuschauer wurden erneuert.

Man hat auch alte Theater umgebaut. Das Bouffes du Nord zum Beispiel war ein ausgebranntes Gebäude, in dem die Geister der Vergangenheit für alle sichtbar blossgelegt wurden. Theater, das sind vor allem Geister – die der Personen, die hier aufgeführt wurden, die der Menschen, die hier arbeiteten. Ein modernes Theater, wenn es nackt ist, offenbart mehr seine Technologie als seine Geister. Ein Theater – wie eine Pfeife, die erst angeraucht werden muss – existiert nicht, bevor es keine Blessuren hat, bevor es gelebt hat. Aber glücklicherweise werden Theater schnell schmutzig!

Mehrzweckauditorien bieten leider weniger Vielfalt. Man hat noch keine echten Mittel gefunden, die eine schnelle Veränderung des Theaterraums erlauben, und die, für alle Gestaltungen, dieselben technischen Möglichkeiten bieten. Schliesslich stellen die veränderbaren Auditorien in ihren unterschiedlichen Gestaltungen nicht mehr als ein Mittelmass bei Akustik, Einrichtung, Beleuchtung und Umgebung sicher. Die Vielfalt ist eher eine Frage der Ökonomie und der Organisation. In Frankreich werden die Inszenierungen über einen gewissen Zeitraum gezeigt: man kann sich deshalb den Luxus leisten, ein Theater drei Wochen zu schliessen, um die notwendigen Einrichtungen auszuführen; in Deutschland dagegen spielt man abwechselnd, man kann die Gestaltung des Raums nicht jeden Tagen ändern.

Aus all den Experimenten der späteren Jahrzehnte hat sich eine Art momentaner Perfektion im theatralischen Instrumentarium herausgelöst. Die Bühne – obwohl sie zukünftig flexibel sein soll mit ihrem mobilen Rahmen und der beweglichen Vorbühne, und obwohl die Logen verschwunden sind – ist trotzdem eine italienische Bühne geblieben. Sie ist ein wunderbares Instrument, mit ihren Soffitten, der Versenkbarkeit und den Kulissen. Ich glaube, man kann es nicht besser machen. Wenn man etwas ändern wollte, dann wäre es die Rückkehr von der Elektronik zur Mechanik. Die menschliche Hand ist flexibler, zuverlässiger und künstlerischer als ein Motor.

In den heutigen neuen Theatern trifft man eine gewisse Verfügbarkeit an, eine Freiheit, eine Öffnung der Architektur zu einer grossen Vielfalt an theatralischen Ausdrucksmöglichkeiten. Dogmatismus wird um jeden Preis vermieden. Die architektonischen Lösungen sind nicht mehr endgültig. Denn das Theater entwickelt sich ständig weiter – wie Sprachen, wie die Kontinente.

(Das Gespräch fand im März 1989 statt)

„La Nuit des chats", offenes Theater, 1989

FRANKREICH

**VALENTIN FABRE,
JEAN PERROTTET
und ALBERTO CATTANI**

THEATRE NATIONAL DE LA COLLINE
PARIS 1988

1963 gründete der Regisseur Guy Rétoré das Théâtre de l'Est in Paris und installierte es in einem Kino, dem Zénith, in der Rue Malte-Brun. 1972 wurde das TEP ein staatliches Theater. Zehn Jahre später schrieb man einen Wettbewerb für den Umbau aus. Während der Arbeiten verlegte Rétoré die Aufführungen in den Probenraum in der Avenue Gambetta. Schliesslich kehrte das TEP zurück, und der Regisseur Georges Lavelli, der das neue Gebäude eröffnete, gab ihm den Namen Théâtre de la Colline. Obwohl der Standort für ein Theatergebäude nicht ideal ist, ist es aufgrund historischer Gesichtspunkte sowie der politischen Entscheidung, ambitionierte kulturelle Einrichtungen in Ost-Paris zu fördern, erhaltenswert.
Eingepasst in eine Baulücke – wie eine Schublade –, die in der Breite von den Nachbargebäuden und in der Höhe durch den Bebauungsplan begrenzt ist, zeichnet sich das Gebäude in erster Linie durch seine Kompaktheit aus.
Die beiden wesentlichen Räume des Gebäudes – das grosse Amphitheater und das kleine veränderbare Auditorium – sind eigenwillige Volumen, deren innere räumliche Qualitäten vor den Einwirkungen eines ungünstigen städtischen Kontext bewahrt werden müssen. Diese Zwänge sind im ganzen Gebäude zu spüren, in den umgebenden Räumen, die dem Theater als Zugang dienen: zum einen die öffentlichen Eingansbereiche (Foyer) und zum anderen die Produktionsbereiche (Bühneneingänge, Lager und Anlieferung der Bühnenbilder). Wenn in einem theoretischen Funktionsschema der Produktionsbereich gegenüber dem Eingang liegt (ersteres ist der Bühne, zweiteres dem Auditorium zugeordnet), so erfordert beim Théâtre de la Colline der Standort, dass im Gegensatz dazu beide Zugänge auf derselben Gebäudeseite liegen – der einzigen Verbindung zu einer Strasse. Diese Vorgabe, die noch zusätzlich zur Dichte des Gebäudes beiträgt, hat die vertikale Entwicklung des Eingangsbereichs und der Foyers zur Folge, die zwischen der Rückseite des überhängenden Auditoriums und entlang der Fassade zur Strasse eingequetscht sind. Hier, wie bei den grossen Pariser Boulevards des neunzehnten Jahrhunderts, muss sich das Theater den Regeln der Häuserblocks unterwerfen, zwischen denen es liegt. Das ist das Interessante beim Théâtre de la Colline: Das Bemühen um einen Ausgleich zwischen dem Druck, der sich aus den Zwänge der Gebäudegrenzen ergibt, und dem Wunsch nach Erweiterung des Auditoriums hat zu aussergewöhnlichen räumlichen und perspektivischen Anordnungen geführt.

Standort: *15-17, rue Malte-Brun, 75020 Paris*
Bauherr: *Ministère de la Culture et de la Communication*
Architekten: *Valentin Fabre, Jean Perrottet, Alberto Cattani*
Mitarbeiter: *Noel Napo (Berater Bühnentechnik), Michel Raffaelli (Bühnenbild), A. Giry (Akustik), P. Collet (Elektroakustik), M. Sevenier (Beleuchtung), A. Tribel-Heinz (Farbgestaltung, Einrichtung der Bar)*
Technische Gebäudeplanung: *BATISERF (Konstruktion), BIEF (Installation), J.-C. Nibart (Kostenplanung)*
Fertigstellung: *1988*
Flächen: *1700 m² (überbaute Fläche); 7000 m² (Geschossflächen)*
Fassungsvermögen: *770 Plätze (Auditorium 1); 250 Plätze (Auditorium 2)*
Kosten: *ca. 28 Mill. DM (Gesamtmassnahme); ca. 10 Mill. DM (Bühnenausstattung) einschliesslich 8 Mill. DM Zuschuss (Betriebskosten 1988)*

Freitragende Glasfassade für das in eine Baulücke eingefügte Theater: Galerien, Verbindungsbrücken und Stege folgen aufeinander, kragen über die weite Halle aus und laufen bei der Treppe zusammen, die die verschiedenen Ebenen der Foyers verbindet.

Eine transparente Enklave

Von der Strasse her nimmt man das Theater in seiner Transparenz wahr, die die unterschiedlichen Ebenen der Halle und Foyers verrät, die in der Tiefe unter der Rückseite der Ränge verschwinden und staffelförmig längs eines grossen Einschnitts 12 m über dem Strassenniveau aufsteigen. Die Fassade, ganz aus Glas und frei tragend, zieht sich hinter dem Portiko hoch bis zu dem Träger, der das Gewicht der beiden oberen Stockwerke aufnimmt, wo unter dem gekurvten Dach die Büros der Verwaltung untergebracht sind. Das symbolträchtigste Element – die Ränge – wird hervorgehoben als ein sofort lesbares Zeichen des Gebäudes, und der lebendigste Bereich – das Foyer – erhellt abends die Strasse mit seinen Lichtern.

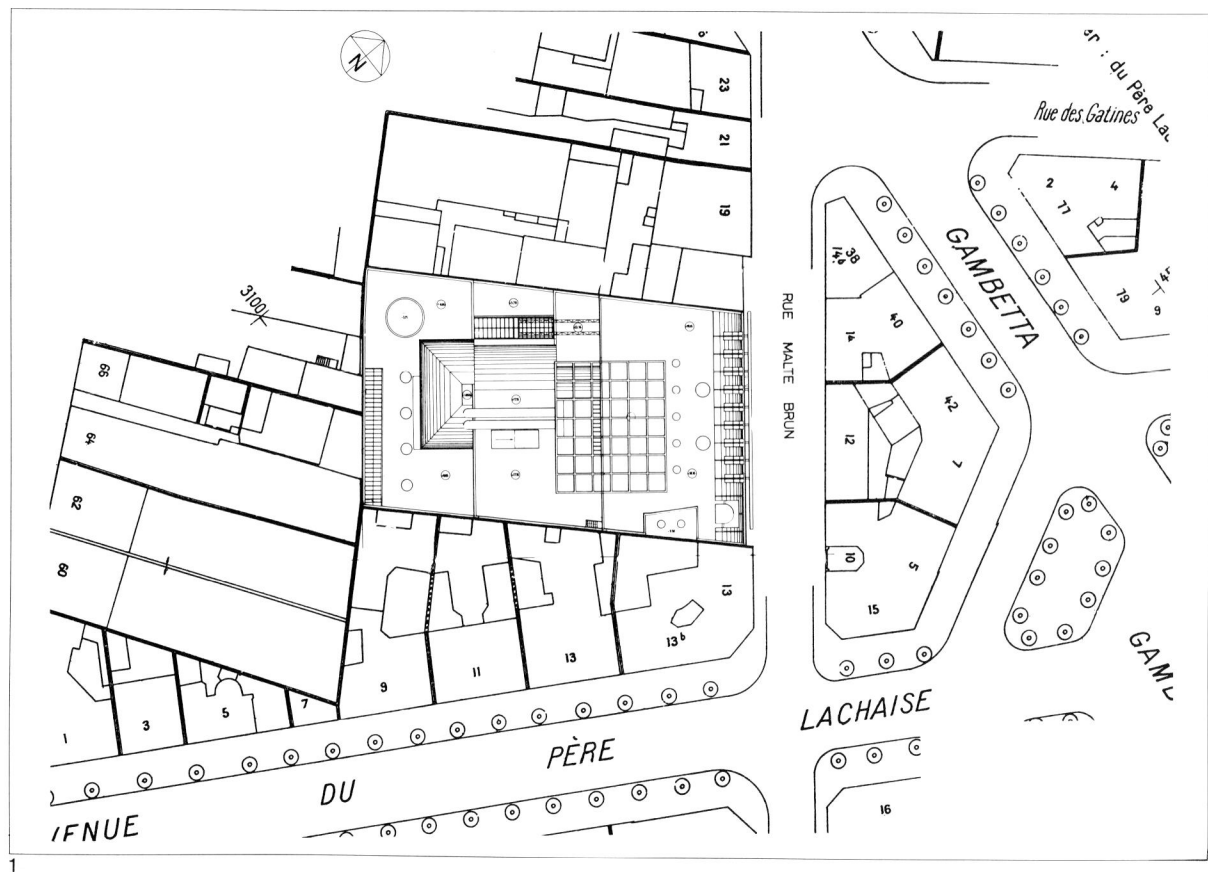

1. Lageplan
2. Fassade des ehemaligen Zenith Kinos
3. Fassade des früheren Théâtre de l'Est in Paris
4. Fassade des neuen Théâtre de la Colline

5● Ansicht zur Strasse durch die Glasfassade
6● Ansicht zu den Foyers
7● Halle. Eine Deckenschiene erlaubt es, einen Teil der Fassade um die eigene Achse zu drehen, so dass Lastwagen bis zur Bühnenrampe heranfahren können.

Eine optimale Einpassung

Das Auditorium und die Bühne sind keilförmig eingefügt, um zwei Gebäudekanten für die Anlieferung zu erhalten. An der ersten, zur Strassenseite, liegen alle Zugangsbereiche; entlang der Brandmauer ist eine Zufahrt für Lastwagen zur Lieferrampe. Zwischen dem Herz des Theaters – einer Reihe nicht trennbarer Räume, nämlich das Auditorium, die Bühne, die Soffitten und die Unterbühne – und der vorgeschriebenen Gebäudehöhe sind das veränderbare Auditorium, die Verwaltung und technische Einrichtungen untergebracht, die nacheinander die auskragende Form der Bühne aufnehmen. Der fehlende Freiraum entlang der Strasse verbietet die gewöhnliche horizontale Entwicklung der Eingangsbereiche: Sie erstrecken sich neben der Fassade, längs eines grossen vertikalen Einschnitts, der sich bis tief unter die Laibung der Ränge ausdehnt und nach oben fächerförmig entfaltet.

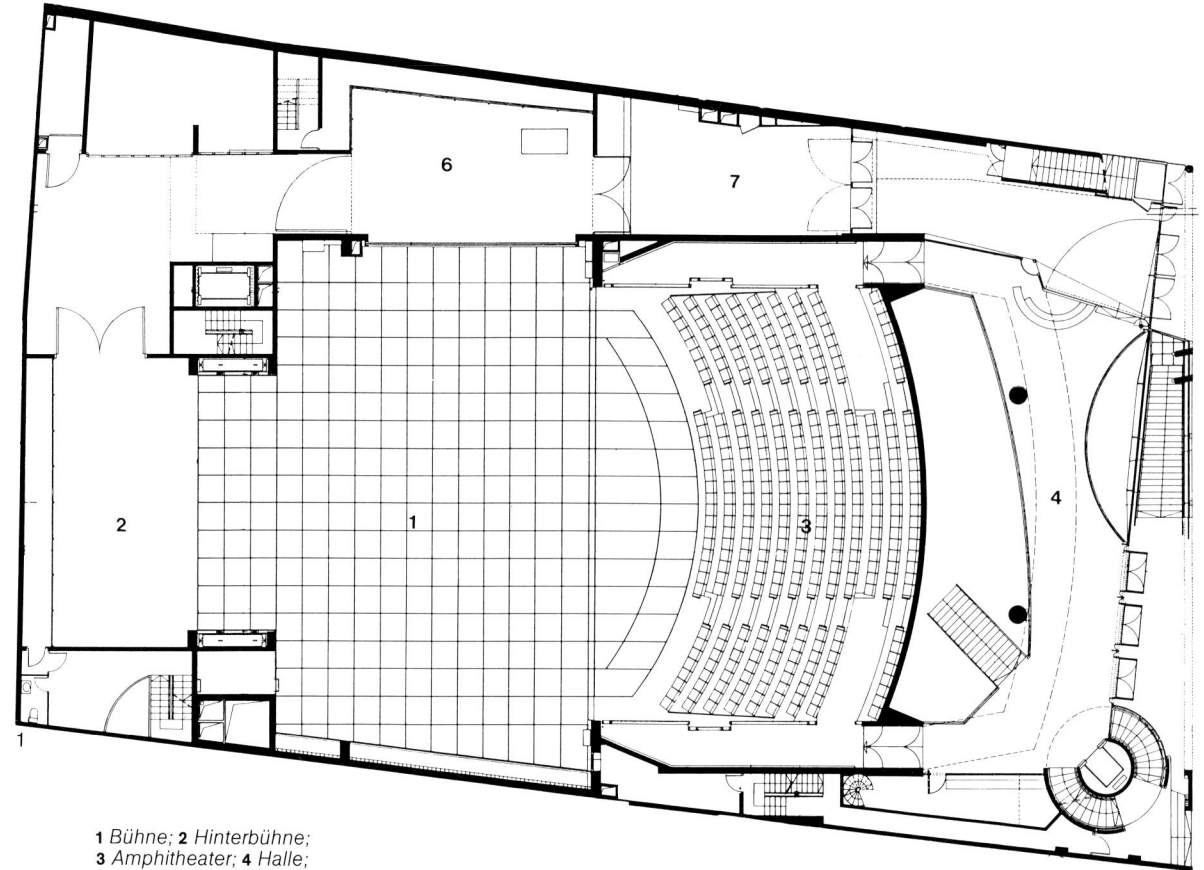

1 *Bühne;* **2** *Hinterbühne;* **3** *Amphitheater;* **4** *Halle;* **5** *Ateliers;* **6** *Kulissenflügel, links;* **7** *Lieferrampe;* **8** *Garderoben;* **9** *Regie;* **10** *veränderbares Auditorium;* **11** *Foyer;* **12** *Lager;* **13** *Versammlungsraum;* **14** *Bar;* **15** *Orchestergraben;* **16** *Unterbühne;* **17** *Musikerfoyer;* **18** *Technik;* **19** *Schnürboden;* **20** *veränderbares Auditorium*

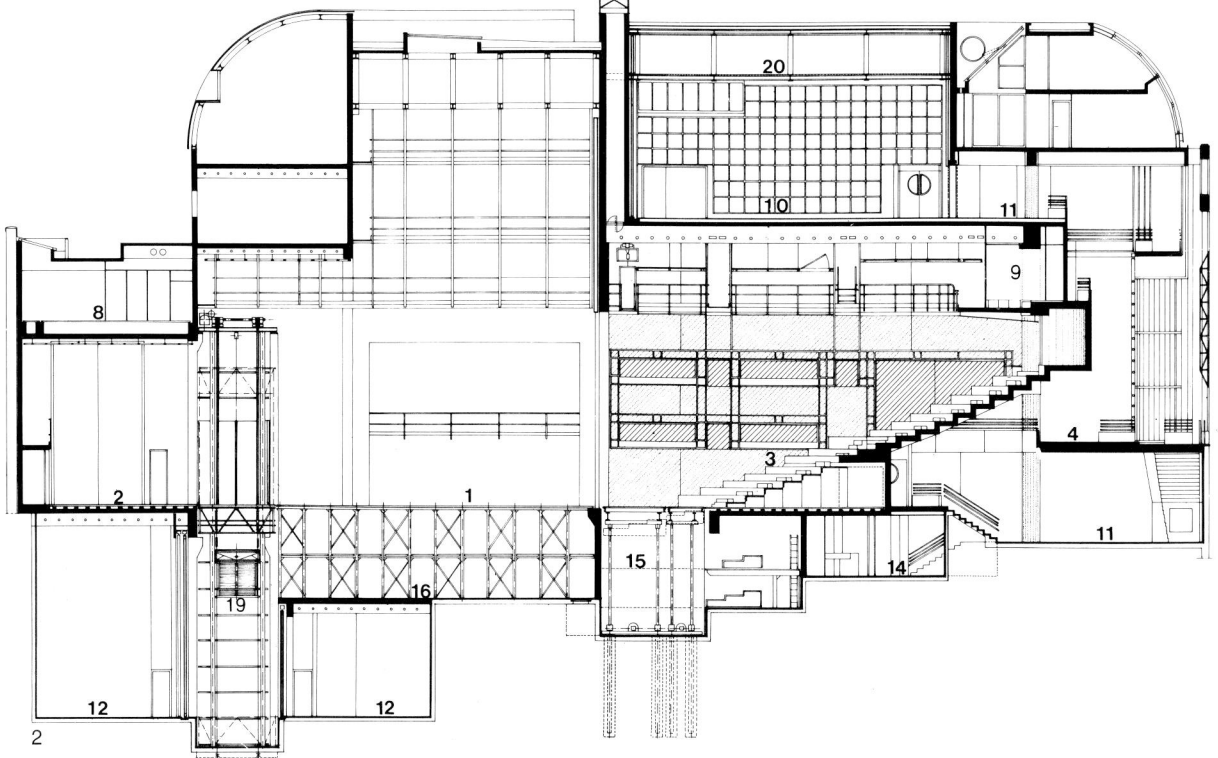

1● Grundriss
2● Längsschnitt
3● zweites Untergeschoss
4● erstes Untergeschoss
5● Ebene 1
6● Ebene 2
7● Ebene 3
8● Ebene 4

3

6

4

7

5

8

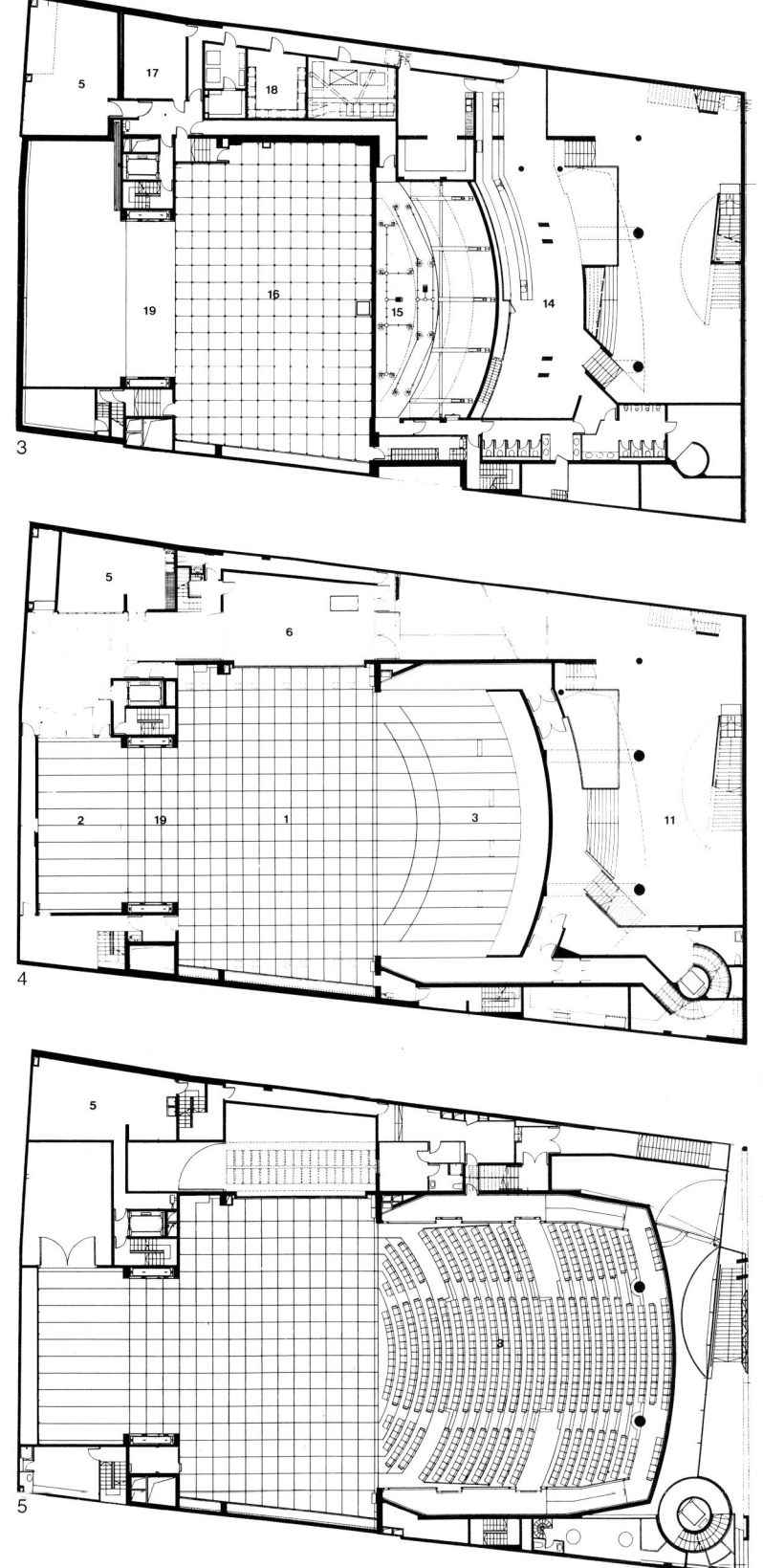

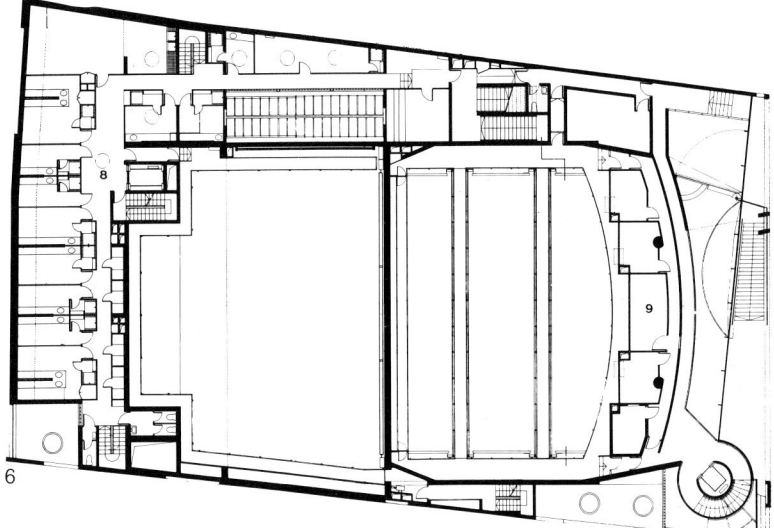

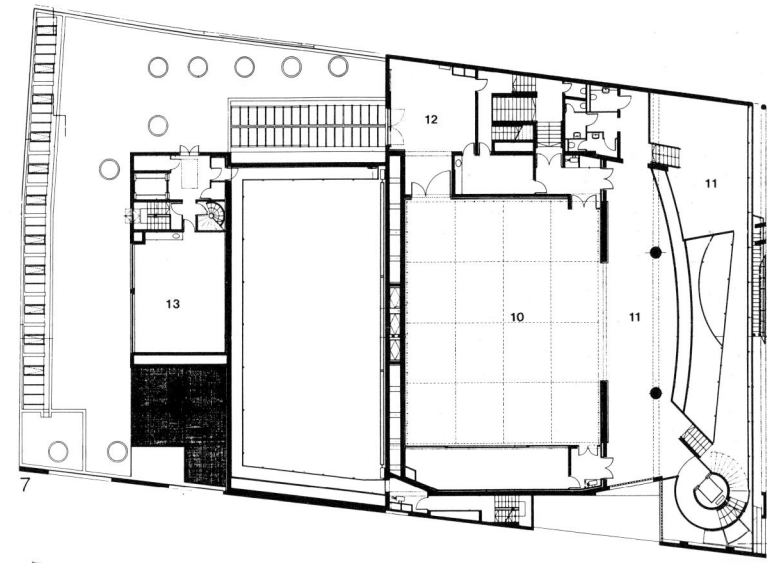

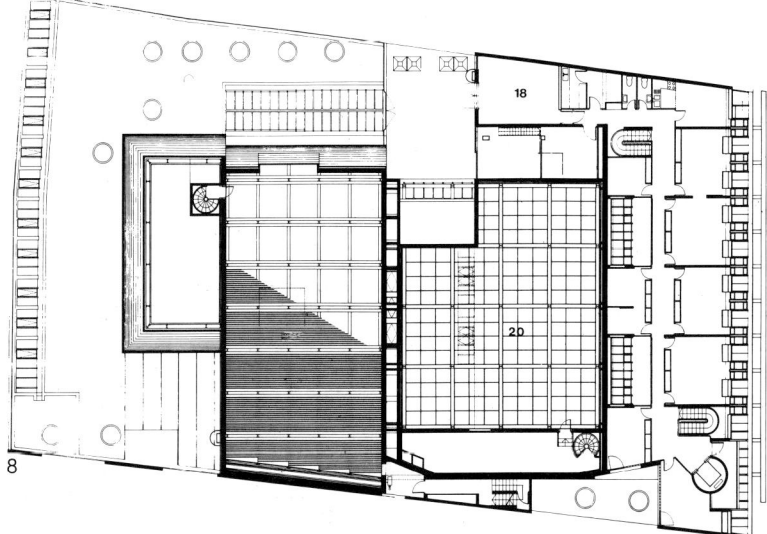

Vertikale Entwicklung

Die zur Strasse liegende Eingangshalle nimmt die Höhe des Strassenniveaus auf, sie durchquert den grossen vertikalen, an die Fassade angrenzenden Einschnitt. Auf beiden Seiten dieses Einschnitts befinden sich Zwischengeschosse, Ausbuchtungen und Fussgängerbrücken, die rings um die zentrale Öffnung angeordnet sind und eine Kontinuität der öffentlichen Räume gewährleisten. Die Strasse bleibt durch die Glasfassade sichtbar. Der eigentliche Bruch mit der Alltagswelt findet erst im Innern des Auditoriums statt, wo die Ränge, wie ein massives Schmuckkästchen, ihr Geheimnis bergen. Die Sichtbetonwände, mit einem Spiel aus Glas- und Metallelementen und einer Harmonie aus Grau- und Blautönen stehen in Kontrast zu den Materialien und der Palette warmer Farben, die im Amphitheater und in der Bar vorherrschen.

5

6

1● 3● Das untere Foyer unter der Eingangshalle
2● Bar unterhalb des Foyers
4● Der grosse vertikale Einschnitt neben der Regie
5● 6● Die beiden Ebenen des Foyers zum veränderbaren Auditorium

Ein flexibles Amphitheater

Zwischen dem Auditorium und der Bühne bietet eine Zone mit verstellbarem Podium drei unterschiedliche Einsatzmöglichkeiten: als Orchestergraben (durch Absenkung des Bodens), Proszenium (auf Bühnenhöhe), oder als Erweiterung des Amphitheaters (durch Anbringung weiterer Sitzreihen, die unten gelagert werden). Ausserdem sind die ersten sechs Sitzreihen schwenkbar; wenn sie umgeklappt sind, kann die Aktionsfläche der Bühne erweitert werden. Die beweglichen Sitze können dort in unterschiedlichen Konfigurationen angeordnet werden, um Alternativen zur frontalen Anordung zu schaffen, die im Wettbewerb gefordert war. Wegen seiner akustischen Eigenschaften wurde für alle Oberflächen des Auditoriums Holz verwendet: Holzlatten an der Decke und schräge Holzverkleidungen an der Wand.

1• *Auditorium*
2• *Der offene Orchestergraben mit umgeklappten Sitzen*
3• 4• 5• *Proszenium zwischen Bühne und Auditorium*

4

5

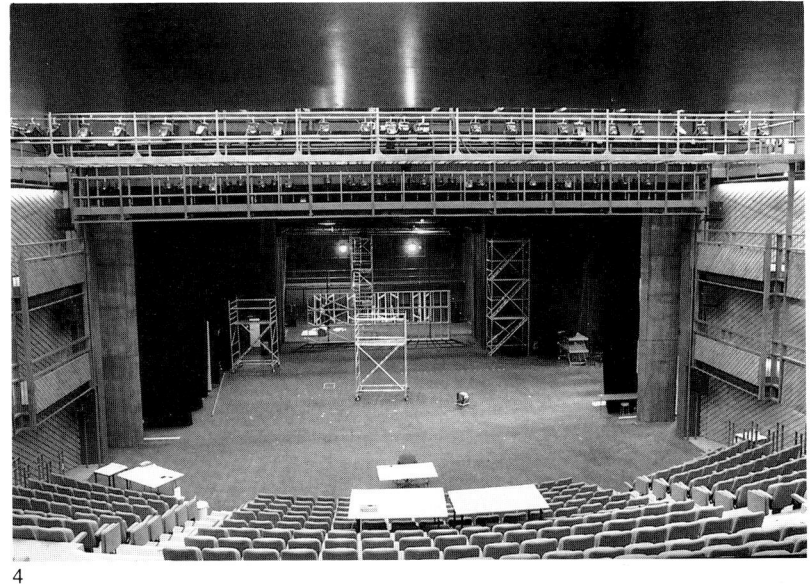

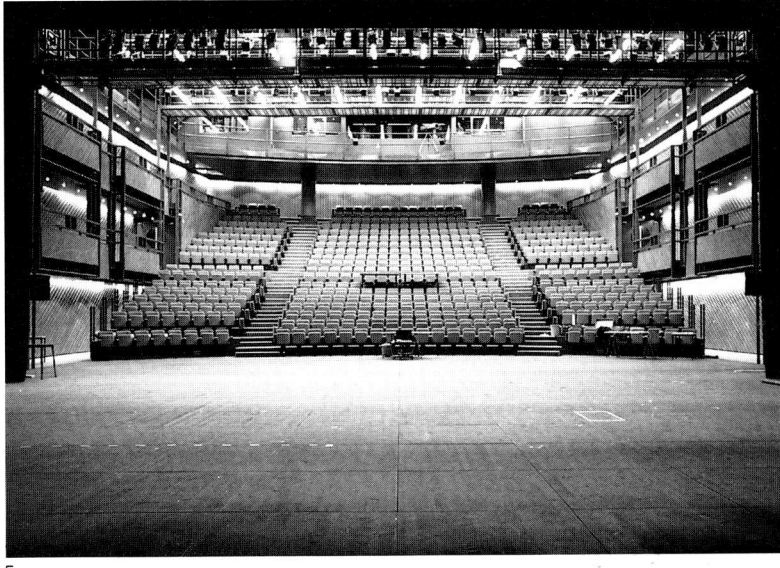

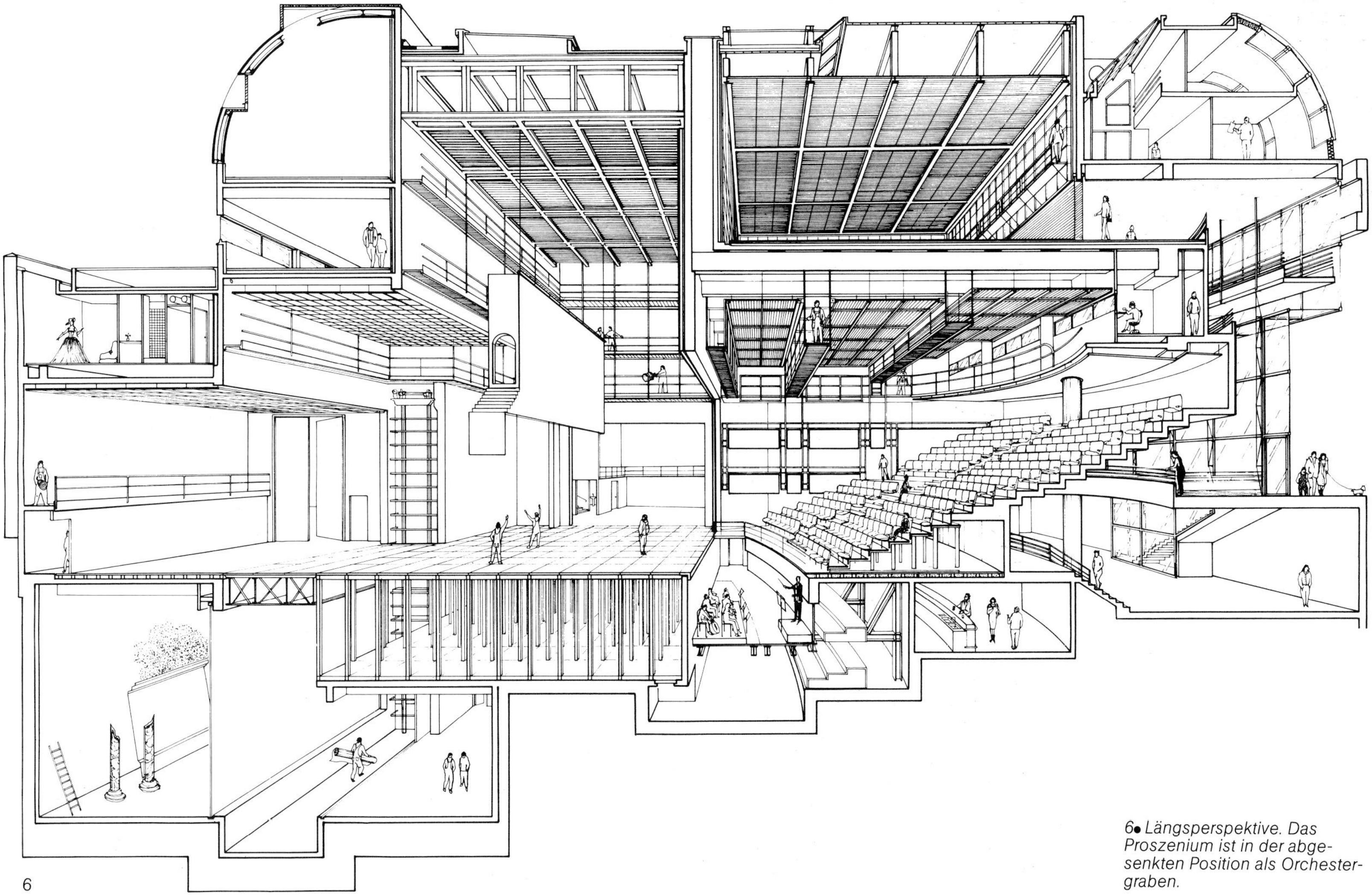

6

6• Längsperspektive. Das Proszenium ist in der abgesenkten Position als Orchestergraben.

ITALIEN

ADOLFO NATALINI

TEATRO DELLA COMPAGNIA
FLORENZ 1987

Das Teatro della Compagnia ist ein umgebautes historisches Kino – das Modernissimo –, das 1921 in den Gärten eines alten Florentiner Palastes erbaut worden war. Eingeschränkt durch die Grenzen der bestehenden Hülle, hatte Adolfo Natalini wenig Freiraum zur Entwicklung eines neuen Raumkonzepts.

Das war aber nicht der einzige Grund, es war vielmehr seine Auffassung, die ihn davon abhielt, ein modernes Raumprogramm für das Theater auszuarbeiten (was auch heute noch eine ungelöste Frage ist): „Die Avantgarde-Begeisterung mit ihrer zweideutigen Identifikation, die sie zwischen Kunst und Leben errichtet, ist vorbei", schreibt Natalini, der die Idee vom traditionellen Theater mit Rängen, Parkett und Bühne – und natürlich mit einem Vorhang – verteidigt, das auf Vorbilder aus der Vergangenheit zurückgeht.

Natalini rechtfertigt seine architektonische Entscheidung übrigens mit historischen Quellen. Er begründet auf diese Weise die Verwandschaft zwischen den drei Dekorationstypen, wie sie Serlio in der Renaissance definiert hatte, und der Gestaltung seines Auditoriums: Die Steinmauern von Santafiora sind eine Reminiszenz an das tragische Bühnenbild, mit der der städtische Aussenraum heraufbeschworen wird; die freigelegte Metallkonstruktion des Dachs verweist mit ihrem technischen, alltäglichen Aspekt auf das komische Bühnenbild; die Möblierung dagegen – „ein wilde, fantastische Welt aus Lampen und Monstern (Masken), eine Herde gelehriger Tiere (die Sitze) auf dem grasartigen blauen Teppich" – erinnert durch ihren ländlichen Charakter an das satirische Bühnenbild.

Für den Architekten sollte das Theater „in Bildern reden, als wenn es selbst zu einer Bühne" würde. Wie aber wird neben diesem Selbst-zur-Bühne-Werden auf die Anforderungen des Gebäudes hinsichtlich der Aktivitäten eines Theaters geantwortet? Natalini verweist auf Ähnlichkeiten zwischen seinem Theater und klassischen Vorbildern. Tatsächlich ist die Anordnung des Eingangs zum Auditorium ähnlich der vomitoria in römischen Theatern und dem zentralen Fussgängerweg im Teatro Farnese in Parma; aber die Umsetzung ist beim Teatro della Compagnia im Grunde genommen ganz anders, weil die Anordnung der Ränge nicht die gleiche ist. Anders als in Parma, teilt der zentrale Gang im Teatro della Compagnia das Auditorium in zwei Hälften und beseitigt so die privilegierte Sichtachse, auf der im allgemeinen die besseren Plätze liegen. Widersetzt sich diese Behandlung auf diese Art nicht dem Wunsch vieler zeitgenösisscher Regisseure, für die die Einheit des Publikums eine Notwendigkeit ist?

Standort: *via Cavour, Florenz*
Bauherr: *La Fondaria Assicurazioni*
Architekten: *Adolfo und Fabrizio Natalini*
Mitarbeiter: *Nazario Scelsi und Luisella Casubolo*
Technische Gebäudeplanung: *ECC Ufficio Progetti e Ricerche (Konstruktion)*
Fertigstellung: *1987*
Fassungsvermögen: *55 Plätze*

Samtvorhänge, erhöhte Bühne, ebene Parterre und Eingangsvomitorium für ein Theater, das sich in Szene setzt unter Verwendung von historischen Anleihen.

Ein verstecktes Gebäude

Die Einbindung des Teatro della Compagnia in den städtischen Kontext gibt ihm einen Charakter, wie ihn viele florentinische Gebäude haben, insbesondere die Klöster: eine kaum geahnte Präsenz.
Natalini versuchte in seinem Gebäude eine Metapher vom Innern der Stadt zu schaffen; der Eingangsflur, eingezwängt zwischen den beiden Palästen und unterbrochen von der Theaterkasse, der Bar und den Garderoben, verweist auf die überdachten Fussgängerwege, während das Theaterauditorium einem Innenhof gleicht.
Es ist, als wenn die Zwänge, die der Standort mit sich bringt, die Hierarchie der Eingänge umgekehrt hätten: die Hauptfassade ist reduziert auf die Breite der Türe, während die Gebäuderückseite mit der undurchsichtigen Masse der Bühnenwand zur Strasse zeigt.

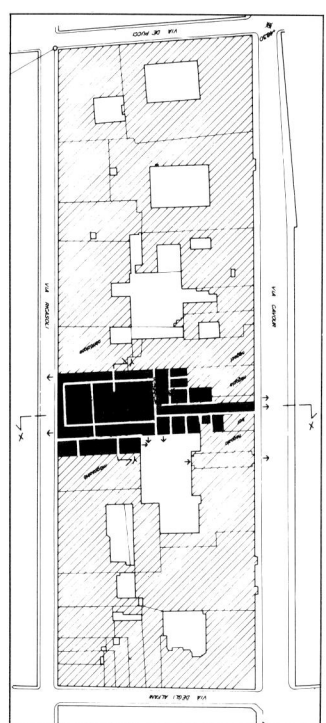
1

2

3

4

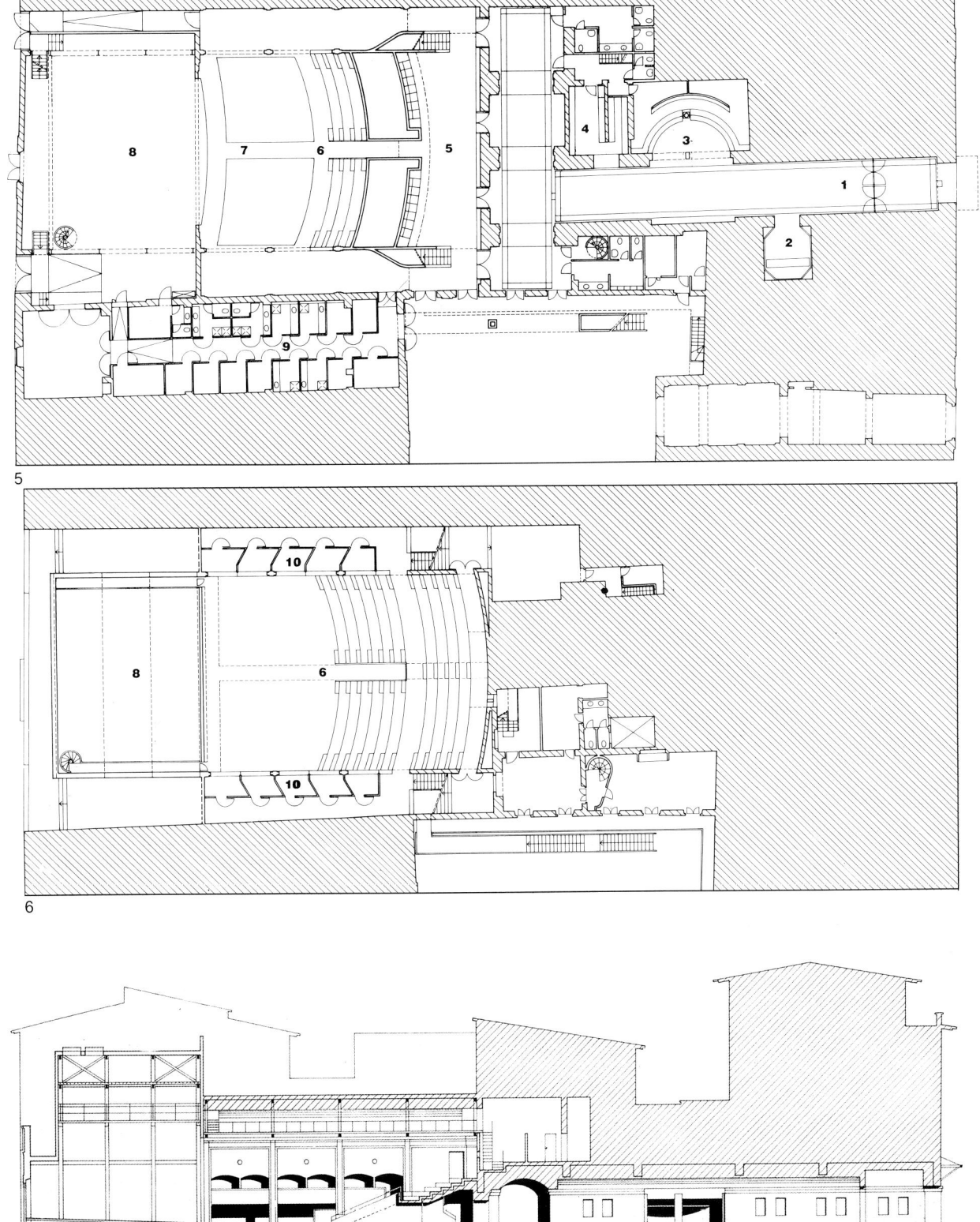

1 *Eingangshalle;* **2** *Theaterkasse;*
3 *Bar;* **4** *Garderoben;* **5** *Foyer;*
6 *Auditorium;* **7** *Parkett;* **8** *Bühne;*
9 *Umkleideräume;* **10** *Logen*

1● *Lageplan*
2● *Die gewölbte Galerie, die zum Foyer und zur unteren Ebene des Auditoriums führt*
3● *Die hintere Fassade*
4● *Seiteneingang zum Parkett und Treppe zu den Logen*
5● *Grundriss Erdgeschoss*
6● *Grundriss Ebene 1*
7● *Längsschnitt*

Die betonte Axialität

Das Auditorium ist in zwei Teile gegliedert – der eine steigt stufenweise an und der andere ist leicht geneigt. An der Decke verrät eine zentrale Wölbung die Gitterträger der Deckenkonstruktion, unter der in Längsrichtung eine Beleuchtungsbrücke angebracht ist (die weniger Möglichkeiten für die Bühnenbeleuchtung bietet als die üblichen quer verlaufenden Brücken).
Im Wandmuster stehen einige Steine hervor; diese Unregelmässigkeit schafft einen Ausgleich zu der geringen Schallreflektion aufgrund der Parallelität der Wände. Nur das Volumen der Bühne geht über die ursprünglichen Raumgrenzen hinaus; aber es war nicht möglich, für den Schnürboden die ideale Höhe zu erreichen (zumindest höher als das Portal).

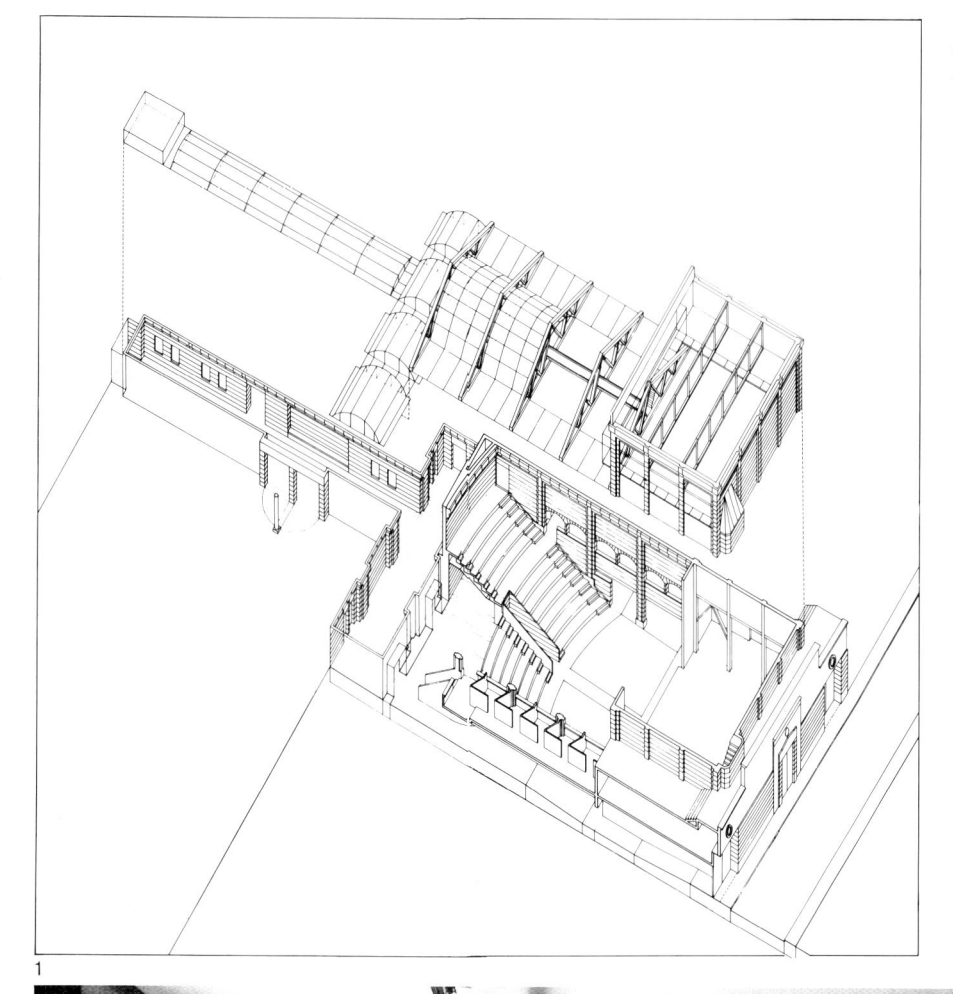

1● *Axonometrie: die beiden Ebenen des Theaters*
2● 3● 4● *Auditorium*

3

4

ENGLAND

ARCHITECTURE BUREAU

HALF MOON
LONDON 1984

Das Half Moon ist im Osten Londons, wo fast ein Jahrhundert lang kein Theater gebaut worden war. Es dient einem Theaterensemble, dessen Hauptanliegen es ist, statt den normalen Theaterbesucher die Bewohner und Schulkinder aus der Nachbarschaft anzusprechen.
Diese Konzeption für ein in das städtische Leben integrierte Theater liessen das Half Moon die meisten architektonischen Konventionen der Theater des zwanzigsten Jahrhunderts verschmähen.
Statt der Konformität vieler zeitgenössischer Auditorien – die häufig nur moderne Variationen der traditionellen Vorbilder des italienischen und klassischen Amphitheaters sind – bringt das Half Moon eine Alternative zum Radikalismus der black box (dem neutralen und veränderbaren Raum, in dem die traditionellen Eigenschaften des Theaters durch technische Einrichtungen ersetzt wurden). Hier liessen sich die Architekten von den ursprünglichen wesentlichen Qualitäten des Theaterraums inspirieren (der commedia dell'arte, die auf den Strassen aufgeführt wurde, mittelalterliche Mysterienspiele vor Kirchen, elisabethanisches Theater in Höfen von Gaststätten) und versuchten, auch in diesem Stadtteil Londons – der mehr durch seine Docks als durch kulturelle Aktivitäten bekannt geworden ist – einen Treffpunkt für die lokale Bevölkerung zu schaffen, der die Magie des Theaters zum Leben erweckt. Sie schlugen ein Gebäude vor, das den künstlerischen Ambitionen der Kompanie gerecht wird: Einen Ort, der, weit entfernt von einem blossen, hinter Mauern versteckten Auditorium, eine Reihe von Theaterräumen bietet, die entweder offen oder überdacht sind und eine direkte Anbindung zur Strasse haben. Das Ziel ist, die Stadt – mit ihren Häusern und Strassenfronten – direkt in das Theater einzubringen, und andererseits das Theater zur Stadt hin zu öffnen.
Das Experiment des Half Moon ist heute jedoch ernstlich gefährdet. Die Finanzierung des Projekts (nach und nach von lokalen Institutionen mit Unterstützung des Greater London Council, des Arts Council und des Borough of Tower Hamlets zur Verfügung gestellt) war nicht ausreichend, um das gesamte Gebäude fertigstellen zu können. Der von Galerien umgebene Innenhof – der die unerlässliche Kontinuität zwischen der Strasse und dem Innern des Theaters hätte herstellen sollen – ist immer noch nicht realisiert und weitere Arbeiten sind zukünftig in Frage gestellt.

Standort: *213, Mile End Road, London E1 4AA*
Bauherr: *Half Moon Theater Building Commitee*
Architekten: *Architecture Bureau (Florian Beigel, Jon Broome, Suresh A'Raj, Peter Rich, Mon Lee, Philip Christou)*
Mitarbeiter: *Carr und Angier (Theaterfachberatung), Architectural Research Unit, Polytechnic of North London (historische und konstruktive Untersuchungen)*
Technische Gebäudeplanung: *Bickerdike Allen & Partners (Akustik); Ove Arup & Partners (Konstruktion); Matthew & Johnson-Marshall & Partners (Installation); Davis, Belfield & Everest (Kostenplanung)*
Fertigstellung: *1984*
Flächen: *1 550 m² (Grundstücksfläche, einschliesslich der ehemaligen Kapelle);* **1** *350 m² (Entwurf), 930 m² (fertiges Gebäude)*
Fassungsvermögen: *variabel, durchschnittlich 450 Plätze*
Kosten: *ca. 4 Mill. DM (Kostenvoranschlag für das gesamte Projekt); ca. 2.2 Mill. DM (abgeschlossene Arbeiten); ca. 1.8 Mill. DM (Betriebskosten 1988)*

Fenster zum Innenhof für ein städtisches Theater: das Auditorium des Half Moon geht bis zur umlaufenden Technikgalerie.

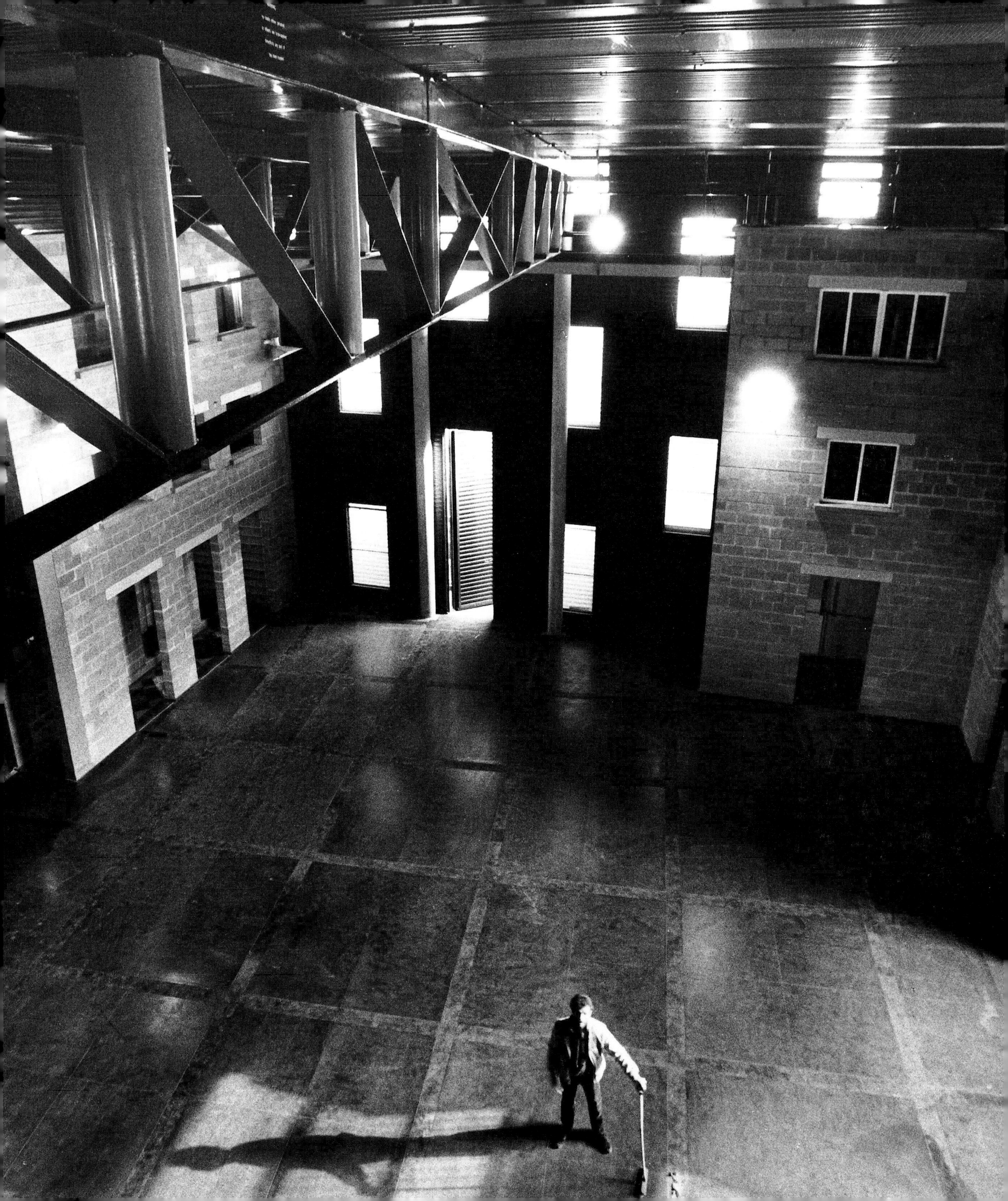

Bühnen, die mit der Strasse verbunden sind

Das Theater grenzt an eine nicht mehr genutzte Kapelle, in der das Ensemble in den siebziger Jahren mit Aufführungen begann. Die Strasse mit ihren Fassaden und Fenstern stösst bis in das Grundstück vor. Sie dehnt sich zu einem ersten Innenhof aus, erweitert sich dann erneut im hinteren Teil der Anlage. Die Muster des Bodens und die Fassadenbehandlung sind identisch, aber der erste Hof ist offen, während der zweite überdacht ist. Zwischen beiden markiert eine Metallwand – die ursprünglich wie ein Vorhang hochziehbar sein sollte – den mehrdeutigen Übergang von der städtischen Realität in die Welt des Theaters. Die tragende Wand mit ihren stereotypen Fensterlöchern stellt ein beständiges Element dar in der Reihe der Theaterräume – eine realistisches Bühnenbild im Innern oder eine Realität, die nach aussen als Bühnenbild dient.

1● *Fassaden der früheren Kapelle und des neuen Theaters*
2● *Perspektive des nicht fertiggestellten Innenhofs*
3● *Axonometrie des Gesamtprojekts*

4, 5 *Pavillon für das Young People Theater*
6 *Half Moon Theater, innen*

Dekoration oder Realität

Das Auditorium besteht aus zwei Elementen: zum einen die schweren tragenden Wände, durchbrochen von Glasfenstern mit Brüstung und Fenstersturz, die Teilen von wiederhergestellten Häusern ähneln; zum anderen die leichte Hülle aus dunkelblauem perforiertem Wellblech. Losgelöst von der massiven Wand, scheint sie über dem Auditorium zu schweben. Das gesamte Gebäude spielt mit der Mehrdeutigkeit zwischen Illusion und Realität, Dekoration und Fassade, dunklem Dach und Nachthimmel, Logen und Fenstern, Theater und Stadt.

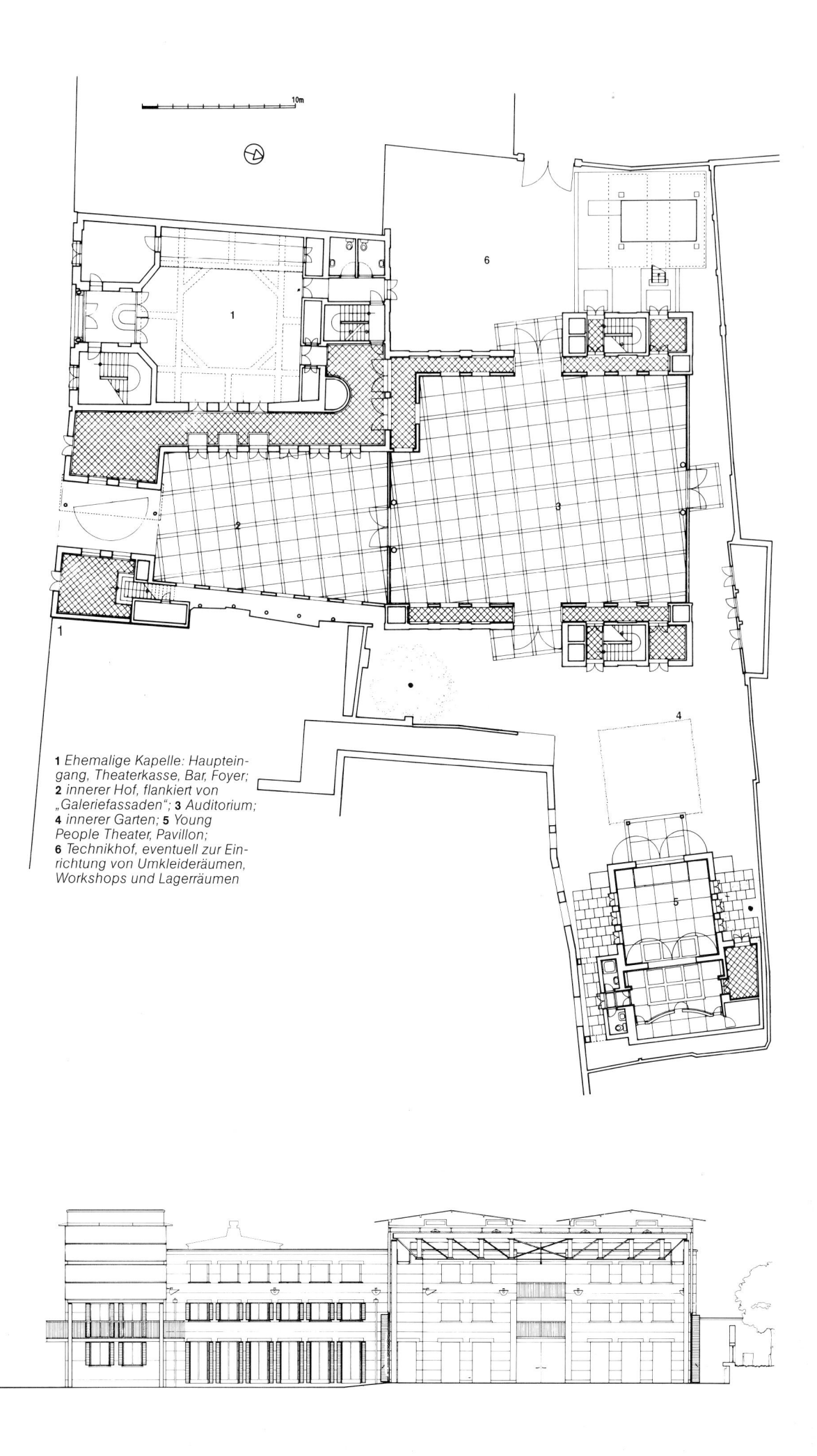

1 *Ehemalige Kapelle: Haupteingang, Theaterkasse, Bar, Foyer;* **2** *innerer Hof, flankiert von „Galeriefassaden"*; **3** *Auditorium;* **4** *innerer Garten;* **5** *Young People Theater, Pavillon;* **6** *Technikhof, eventuell zur Einrichtung von Umkleideräumen, Workshops und Lagerräumen*

1● *Grundriss Erdgeschoss*
2● *Längsschnitt*
3● *Lüftungsklappen, in das Mauerwerk integriert. Die Galerien haben gepflasterte Böden; das Auditorium hat einen Holzfussboden, der durch die schwarze Gummidichtung sein Muster erhält*
4● *Die grosse Metallwand: eine feuerfeste Schallschutzwand ist mit perforiertem Wellblech verkleidet*
5● *Hauptauditorium mit der provisorischen Beleuchtungsbrücke während der Installation*
6● *Spiegeleffekte auf der Rückwand der Galerien*

Freie Gestaltung

Das Auditorium erlaubt eine grosse Vielfalt von Gestaltungsmöglichkeiten, weil weder die Bühne noch die Ränge fest installiert sind. Für jede Aufführung können die Publikums- und Aktionsbereiche der jeweiligen Situation bestmöglich angepasst werden. Die seitlichen Galerien können von Schauspielern genutzt werden, Bühnenbilder aufnehmen, sie stehen für Auftritte oder zur Unterbringung der Technik zur Verfügung. Oben läuft eine Technikbrücke rund um das Auditorium; eine Querbrücke, die an den zwei Hauptträgern der Deckenkonstruktion aufgehängt werden sollte, konnte aufgrund der fehlenden finanziellen Mittel nicht realisiert werden. Eine provisorische Metallkonstruktion wurde inzwischen für die Beleuchtungstechnik an der Deckenkonstruktion aufgehängt. An der Decke sind Schallschutzpaneele angebracht, die mit perforierten Blechtafeln verkleidet werden.

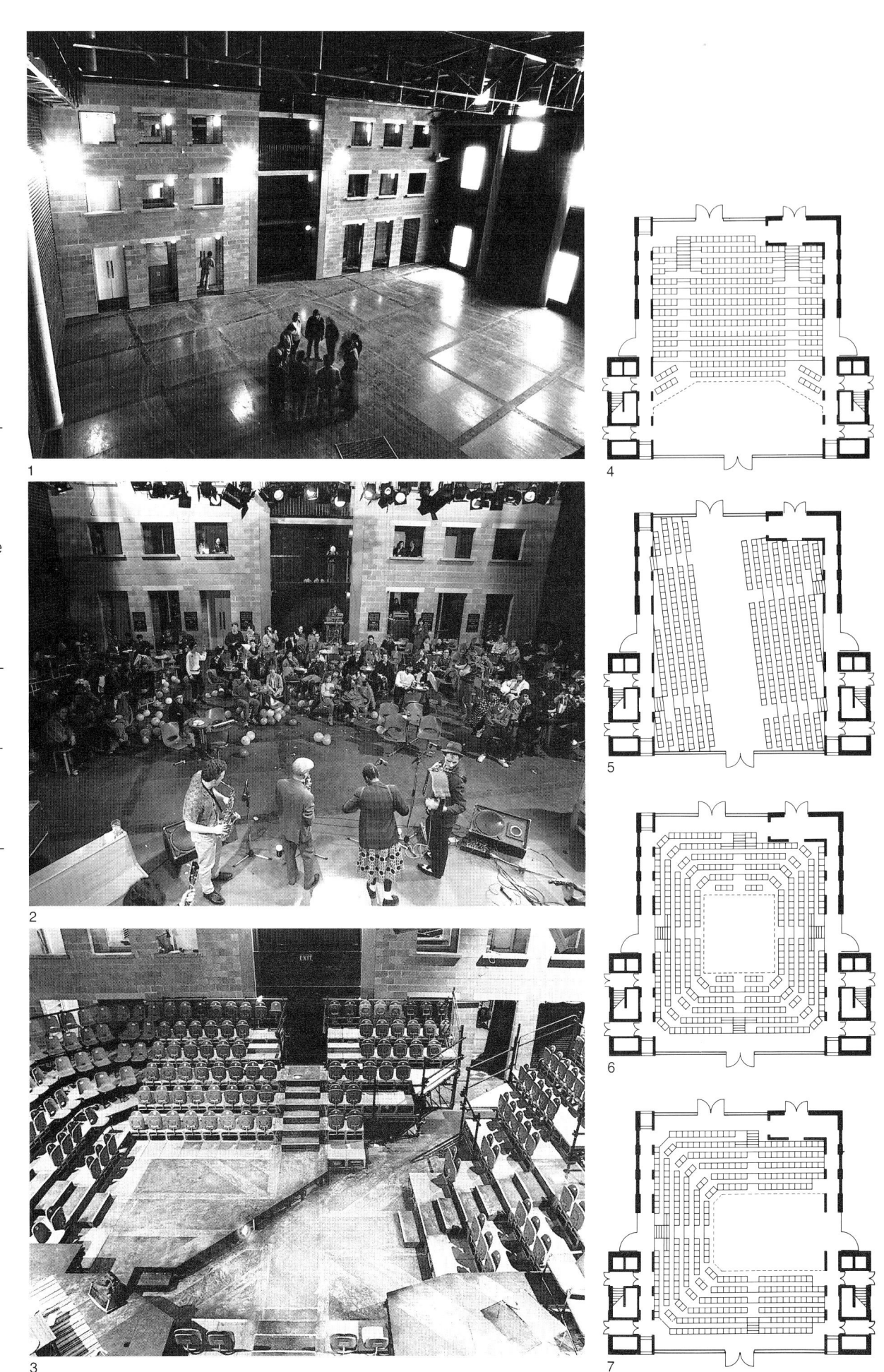

1● Zufällige Anordnung im Kreis
2● Ungezwungene Anordnung für ein Kabarettprogramm
3● U-förmige Anordnung um eine zentrale Bühne
4● 5● 6● 7● Unterschiedliche Gestaltungsmöglichkeiten der Ränge
8● Amphitheater um eine abgewinkelte Bühne
9● Perspektivschnitt des Hauptauditoriums

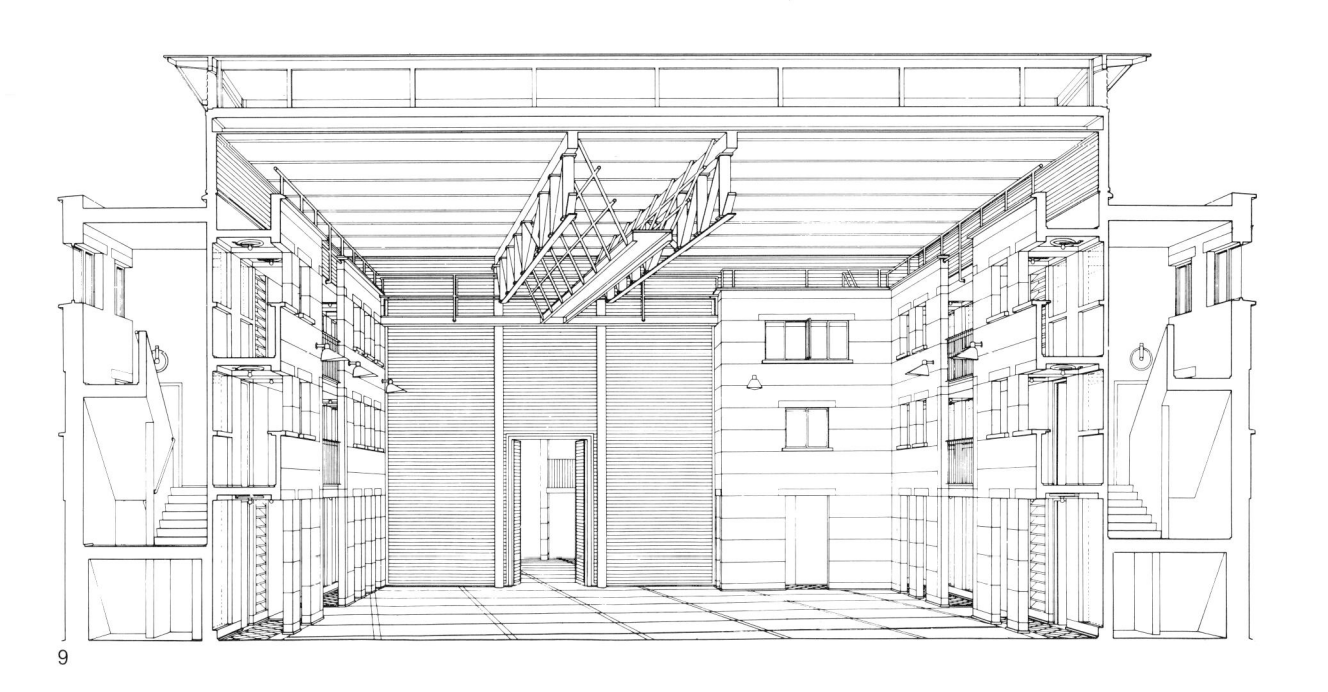

JAPAN

TADAO ANDO

KARA-ZA
MOBILES THEATER 1987

Im July 1985 wurde Tadao Ando beauftragt, ein Theater in Tokyo zu bauen. Obwohl das Programm klar definiert war – es sollte das Theaterensemble von Kara Juro, dem Avantgarde-Direktor, aufnehmen – war kein Standort vorgesehen und die Chancen, einen zu finden, waren gering. Ando hatte wenig Hoffnung, dass sein Projekt realisiert würde, und, befreit von den städtischen Zwängen normaler Wettbewerbe, entschied er sich, bei der Arbeit seiner Intuition zu folgen: „Ich erinnerte mich an das Kanamaruza in Shikoku, eines der ältesten noch erhaltenen japanischen Theater, das mich tief beeindruckt hatte. In der einfachen hölzernen Schale waren Schauspieler und Publikum nahe beieinander und das führte zu einer sehr intensiven Beziehung. Hier lernte ich die wahre Natur der dramatischen Kunst kennen. Ich habe kaum ähnliche Empfindungen in modernen Theatern erlebt, wo alles mechanisiert ist. Nach der Erfahrung in Kanamaruza wollte ich ein Theater schaffen, das die menschliche Stimme erklingen lässt".

Durch diese Erinnerung inspiriert, machte Ando eine erste Skizze: ein Theater aus Holz – Bühne und Auditorium in einem einzigen Volumen – wie ein grosses Kapitell, das an das rote Zelt erinnert, das Kara Juro in Parks aufzubauen pflegte, wenn er auf Tournee war. Aber hinter der offensichtlichen Einfachheit in der Erscheinung offenbarte das Gebäude eine grosse Tiefe. Um die Andersartigkeit des Theaterraums hervorzuheben, umschloss Ando das Gebäude mit einer dreifachen Schale und umgab diese mit einem Bambuszaun; auf diese Art erfolgt der Übergang von der Realität aussen zur Welt des Theaters schrittweise, beginnend am Eingangsbogen, der die Grenze zwischen diesen beiden Welten symbolisiert.

Das Projekt blieb zwei Jahre lang liegen, bis ihm ein unerwarteter Auftrag einen neuen Anstoss gab: Ein japanisches Ensemble entschloss sich zum Bau, um es als zeitweiligen Pavillon auf der Tohoku Ausstellung zu nutzen. Ando veränderte die Gebäudekonstruktion entsprechend und ersetzte aus praktischen Erwägungen Bambus und Holz durch eine Stahlkonstruktion. Das offene, lichte, transportable Gebäude konnte so in kurzer Zeit an verschiedenen Orten errichtet werden.

Erstmals auf einem Gelände errichtet und für einen von dem ursprünglichen Projekt völlig unterschiedlichen Anlass, wurde das Theater schliesslich im folgenden Jahr in Asakusa gebaut, einem entlegenen Bezirk von Tokyo am Sumida Fluss und Park.

Inzwischen wurden neue Standorte ins Auge gefasst, in der Region Kyoto/Osaka für das Kansai Festival für dramatische Kunst und vielleicht in den New Yorker Docklands.

Standorte: *Sendai, Miyagi (Ausstellungspavillon, 1987), Asakusa, Tokyo (zeitlich begrenztes Theater, 1988)*
Bauherr: *Seibu Saison Group*
Architekt: *Tadao Ando*
Fertigstellung: *1987, 1988 etc.*
Geschossfläche: *601 m²*
Fassungsvermögen: *450 Plätze*

Ein Stahlgerüst für ein demontierbares Theater: die Konstruktion bleibt sichtbar bis zu den Stufen des Amphitheaters, wo die Querstreben mit dem Gitterwerk verbunden sind.

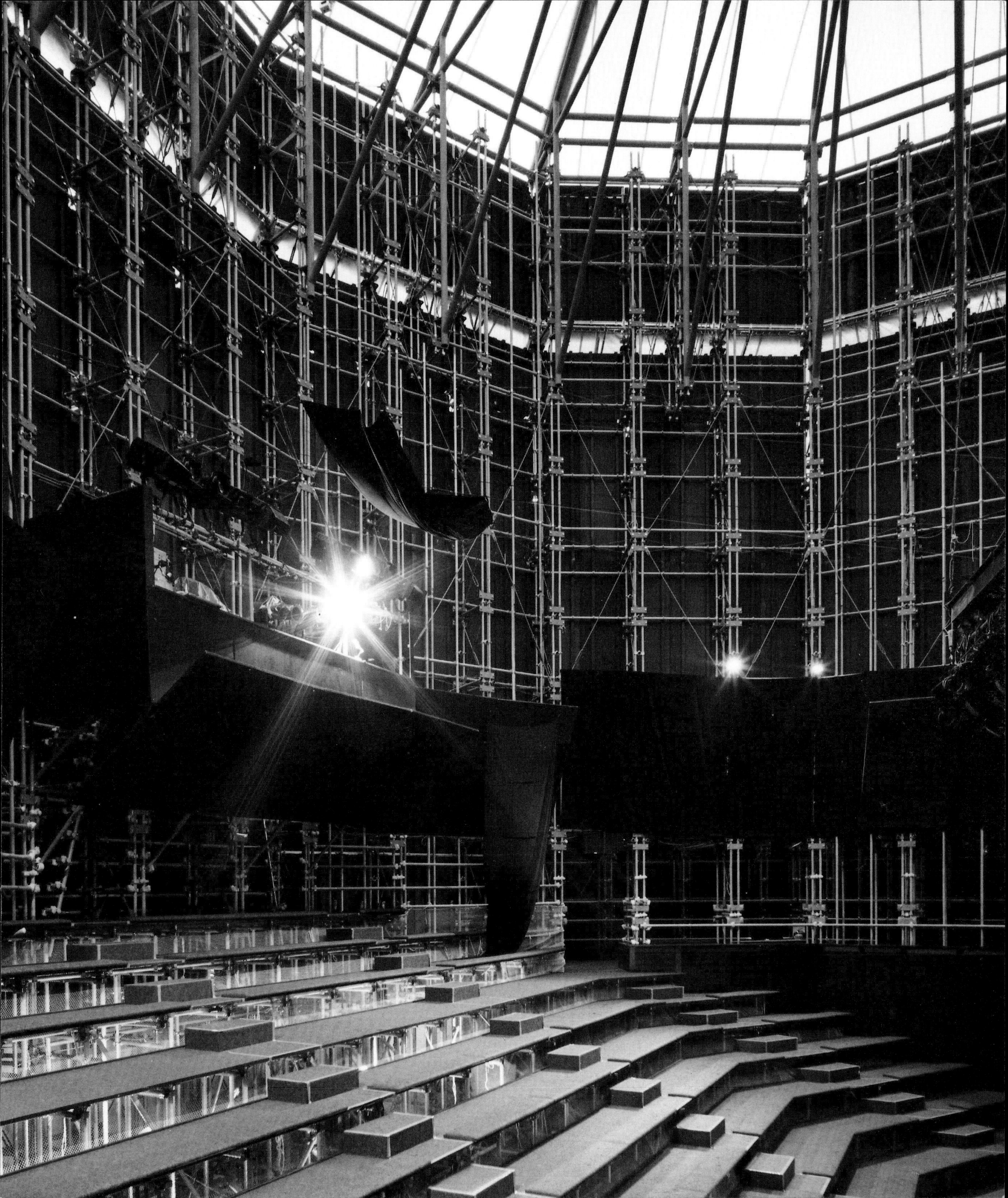

Aufeinanderfolgende Hüllen

Das Gebäude hat einen dodekadischen Grundriss. Der zentrale Raum, von dem ein Drittel die Bühne und zwei Drittel das Amphitheater einnimmt, ist von einer umlaufenden Zone begrenzt, die von einer Freiluftgalerie umgeben ist. Die verschiedenen Schalen haben eine funktionale (Raumentwicklung von aussen nach innen), eine konstruktive (stützende) und technische (Schalldichtigkeit) Bedeutung. Bei den verschiedenen Hüllen wird dasselbe Baumaterial verwendet (Metallrahmen), aber die Paneele werden stufenweise leichter (dicht verkleidet für die Schale des Auditoriums und offene Verschalung für die Galerie). Das Ganze ist schliesslich von einem leichten Zaun mit eher symbolischer Bedeutung umschlossen: einer gitterartigen Metallverstrebung.

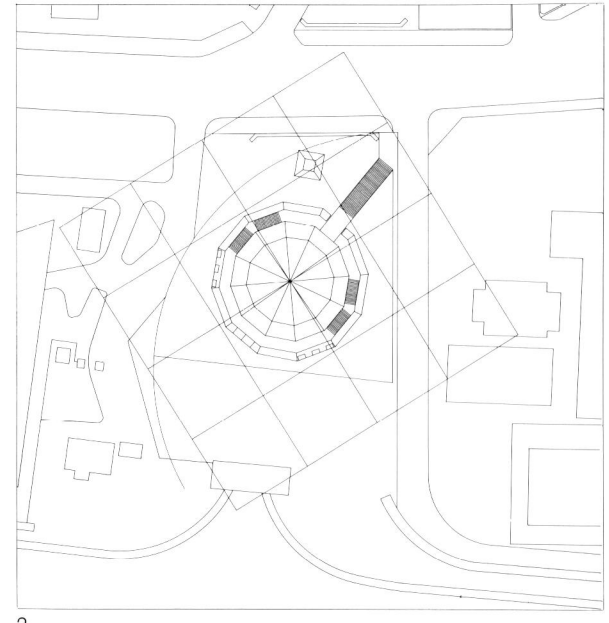

1● *Das Metallgerüst im Bau*
2● *Lageplan*
3● *Entwurfsskizze von Tadao Ando*
4● *Gewölbter Eingangsbogen und Verschalung der Aussenwand*
5● *Das Theater am Ufer des Sumida Flusses*
6● *Detail der Montageverbindung*
7● *Eingangsbogen und offene Galerie*
8● *Schale entlang der Galerie*

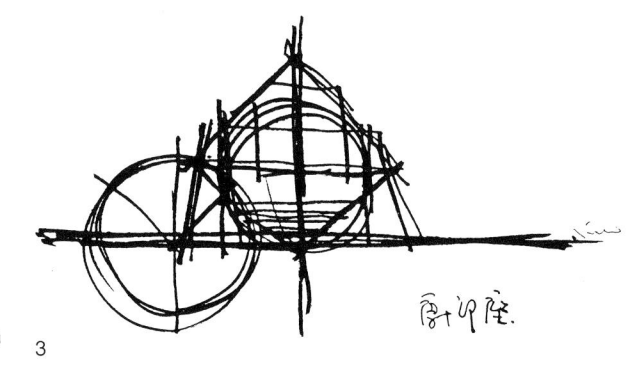

5

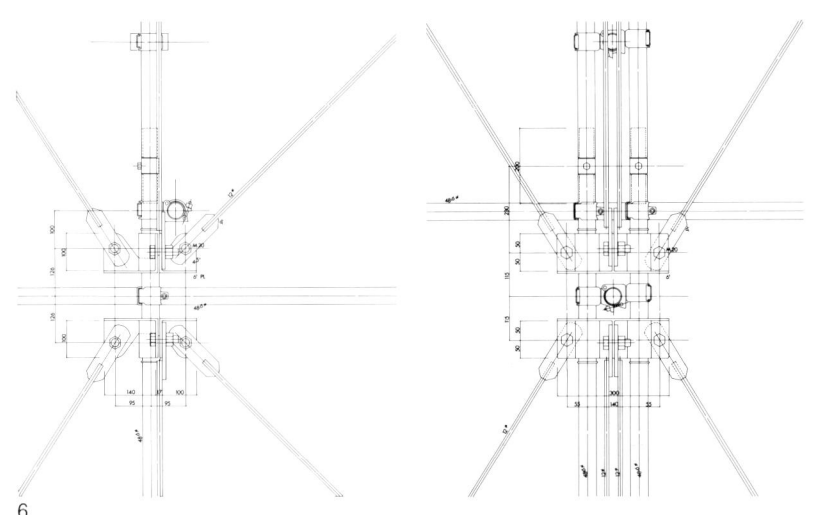

6

7

8

51

Ein universales Gebäude

Andos Gebäude ist mehr als ein transportables Theater. Demontierbar und transportabel, kann es innerhalb von vierzehn Tagen überall errichtet werden durch den Einsatz eines universalen Bauelements: das Stahlskelett. Die Dachträger, die sich strahlenförmig ausbreiten, sind an einer umlaufenden Dachplatte fixiert, die oben an den Strebepfeilern befestigt ist. Stabilität und Solidität bringen eine Reihe Querstreben und Verbindungselemente, die über Befestigungsplatten mit den Hauptträgern verbunden sind. Das gesamte Bühnenequipment (Stege, Beleuchtung, Requisiten, Planen) kann direkt an den umliegenden Pfeilern oder an den zwischen den Wänden aufgehängten Kabelnetzen befestigt werden.

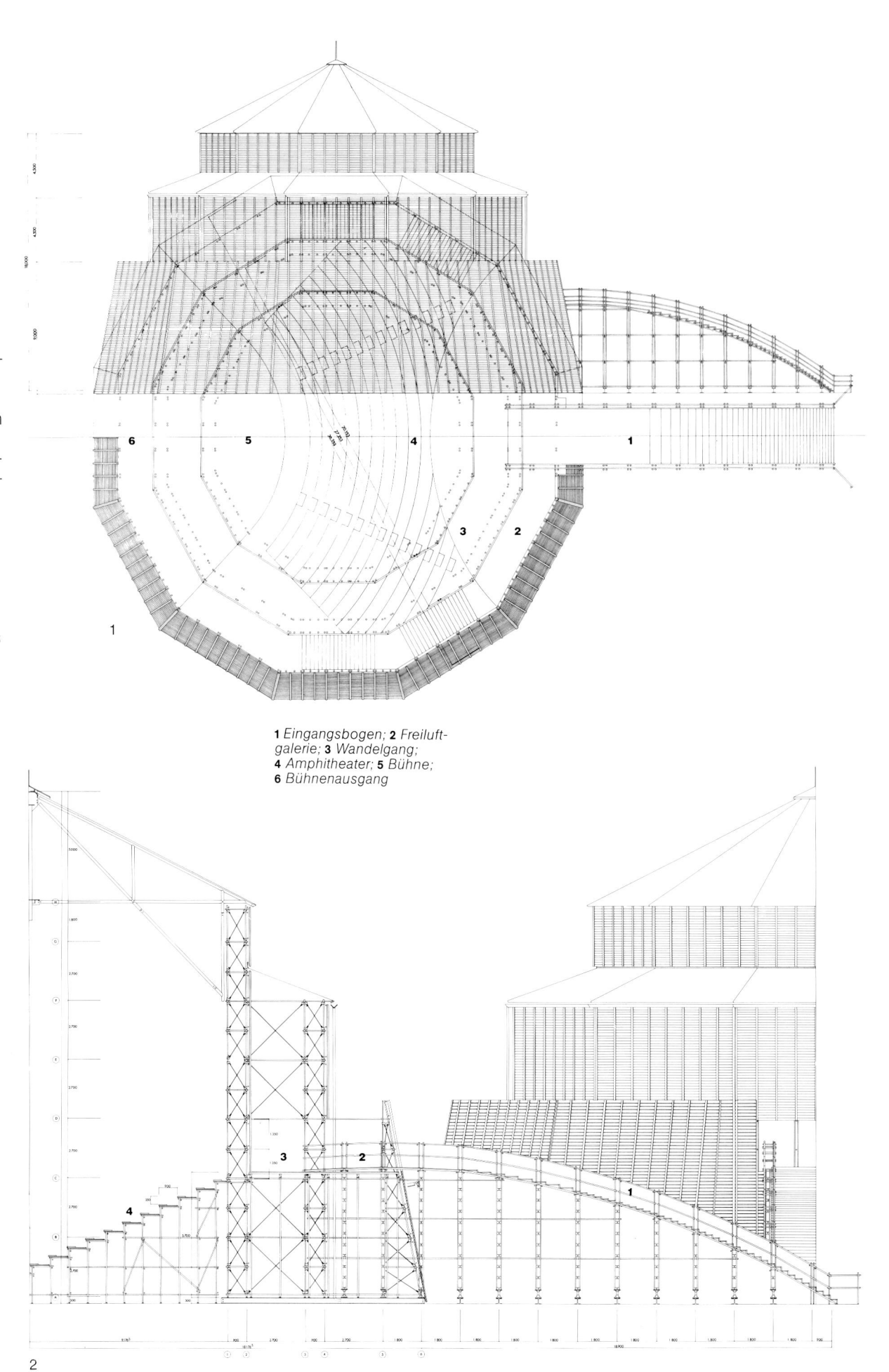

1 *Eingangsbogen;* **2** *Freiluftgalerie;* **3** *Wandelgang;* **4** *Amphitheater;* **5** *Bühne;* **6** *Bühnenausgang*

1● Teilgrundriss und Ansicht
2● Längsschnitt und Teil-
grundriss
3● Das strahlenförmige Dach-
gerüst mit rotem Zeltdach
4● Wandelgang um die
Ränge
5● Eingangsbogen
6● Bühne

NIEDERLANDE

REM KOOLHAAS

DANS THEATER
DEN HAAG 1987

Obwohl nicht weit vom Stadtzentrum Den Haags entfernt, musste das Dans Theater dennoch in einen chaotischen, Änderungen unterworfenen Kontext eingefügt werden. Im Herzen einer Stadtlandschaft, die von einer Hochstrasse durchschnitten wird und von Regierungshochhäusern strotzt, zu deren Füssen noch ein paar ältere Häuserblocks liegen, hatte Carel Weeber ein Bebauungskonzept für ein rechteckiges Gelände erstellt, das ein Hotel (dessen Architekt er ist), eine Konzerthalle (von Van Mourik) und angrenzend an letztere ein Tanztheater umfasst – das Schlüsselgebäude in dieser vielfältigen Bebauung, deren einzelne Gebäude alle um einen runden Platz liegen. Als Antwort auf die umgebende Unordnung basiert Rem Koolhaas' Gebäude auf einer ausgesprochen rationalen Entwurfsidee. Die Elemente seines Programms sind in einer kompakten Anlage zusammengefasst und in drei funktionale Gebäudeteile gegliedert, die von einer seitlichen, sich an die Brandmauer anschmiegenden Eingangshalle bedient werden. Aber trotz der beinahe systematischen Genauigkeit, mit der er diese Unterteilung vorgenommen hat, hat Koolhaas höchst verschiedenartige und unerwartete Mittel eingesetzt, sowohl ausserhalb wie im Innern des Gebäudes – dabei immer bedacht, die funktionale Logik des Gebäudes der Herausforderung des städtischen Kontexts anzupassen. Wo immer möglich, bricht das Gebäude aus dem sterilen Rationalismus aus: Autonome Formen entwickeln sich – nicht ohne Humor – an der Westfassade, in den Foyers sowie bei Dach und Wänden des Amphitheaters. Obwohl die Graphik dieser plastischen Effekte aus Comic strips zu stammen scheint, hat sie tatsächlich eine mehr informelle Bedeutung, als nur einen formalen Gegenpol zur Strenge des Grundrisses zu bilden.

Im Innern schafft das Zusammenspiel der Foyers – mit ihren Kurven, Tangenten, fliessenden und asymmetrischen Elementen – eine Verbindung zwischen der Eingangshalle (eng, linear, mit niedriger Decke) und dem Amphitheater (weit, gekurvt, mit „fliessender" Decke).
Aussen bietet die Westfassade, mit ihrer Abfolge autonomer Flächen, ein äusserst vielfältiges Erscheinungsbild, wobei jedes Element – sich von den anderen in Massstab, Geometrie, Farbe und Material unterscheidend – den heterogenen Charakter des Orts unterstreicht. Aber paradoxerweise bringt das Gebäude gerade durch diese Ungleichheit Ordnung in das umgebende Chaos – stellt in seiner Schlüsselfunktion eine Ergänzung dar zu den Regierungshochhäusern im Hintergrund, dem blauen Hotel im Vordergrund und der seitlichen rosaroten Box der Konzerthalle.

Standort: *Den Haag*
Architekt: *Rem Koolhaas*
Mitarbeiter: *Stefan Polonyi (Ingenieur), Madelon Vriesendorp (Künstler, Wandgemälde)*
Fertigstellung: *1987*
Fassungsvermögen: *1 000 Plätze*

Eine wellenförmige Decke für ein Tanztheater, bis zum seitlichen Steg; das Auditorium mit den aufgehängten Schallwänden, wie Spiegel, die den Klang reflektieren.

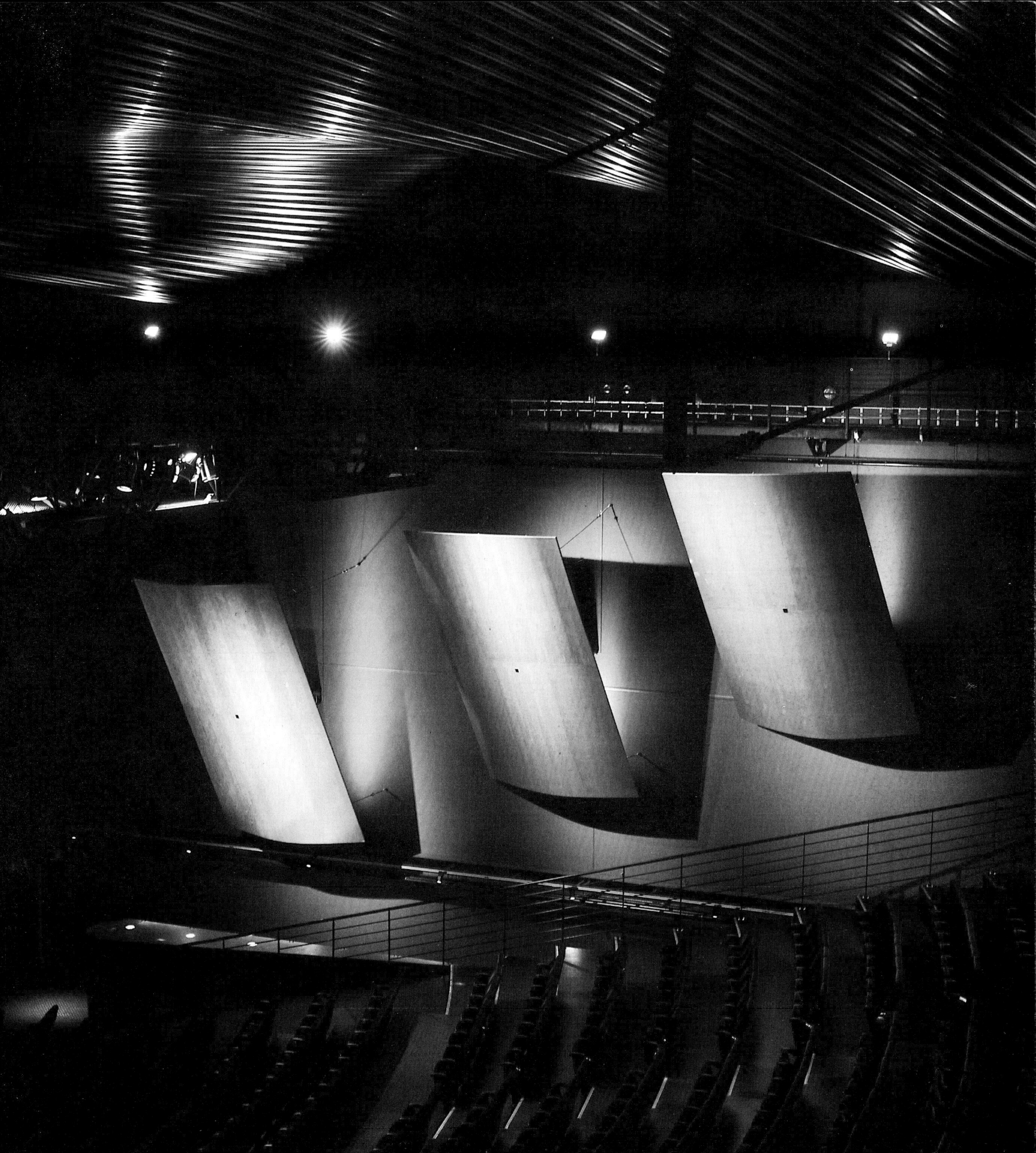

Eingefügt in den Kontext

Aus unterschiedlichen Blickwinkeln betrachtet, kann das Gebäude als ein Monolith oder als Komposition erscheinen, da sich jede Seite auf eine bestimmte städtische Situation bezieht. Wenn man auf der Hochstrasse mit dem Auto vorbeifährt, hat man einen knappen Eindruck vom Theater, das in seiner Wirkung rasch vorübergeht: Die Ostfassade, einheitlich schwarz verkleidet, hebt sich als klare Silhouette vor der dicht gedrängten Reihe von Auditorium/Bühne/Hinterbühne ab, sie ist glatt und unbehandelt, ihre Konturen erscheinen wie ein „in die Gebäudemasse eingezeichneter" Längsschnitt.
Die Südfassade, die wiederum als ein Querschnitt gelesen werden kann, verrät die einzelnen Schichten des Gebäudes. Dagegen ist vom Platz aus gesehen jeder Teil der Westfassade als ein eigenständiges Ereignis behandelt, das durch die Betonung der unterschiedlichen Charaktere der Umgebung zu deren Neuordnung beiträgt.

1• *Luftaufnahme*
2• *Westfassade vom Platz aus*
3• *Südwestfassade von der Hochstrasse aus*
4• *Die Transparenz der Foyers durch die Glaswand der Westfassade, vom Terrassendach der Eingangshalle aus gesehen*
5• *Blick auf die Südfassade von der unteren Strasse her*
6• *Entlang der Westfassade verläuft ein Fussgängerweg zwischen Theater und Hotel*

4

5

6

Drei Zonen

Das Gebäudeprogramm ist in drei parallele Zonen aufgeteilt. Die grösste, auf der Rückseite der Anlage eingezwängt, umfasst die grossen Volumen (Amphitheater, Bühne, Lager). Zum Platz hin orientiert sich die kleinste Zone mit den eher nichtöffentlichen Räumen (Büros, Workshops, Umkleideräume, Künstlerfoyers und –cafeteria). Zwischen diesen beiden Zonen beherbergt eine mittlere Zone die Tanzstudios. Entlang der Brandmauer der Konzerthalle ist die Eingangshalle eingeschoben (die sich beide Gebäude teilen), sie erweitert sich allmählich, dem Rhythmus der drei senkrechten Zonen folgend, bis zur Rückseite des Gebäudes, wo sie sich, am Amphitheater angelangt, unter der Neigung der Ränge erweitert und an Höhe zunimmt.

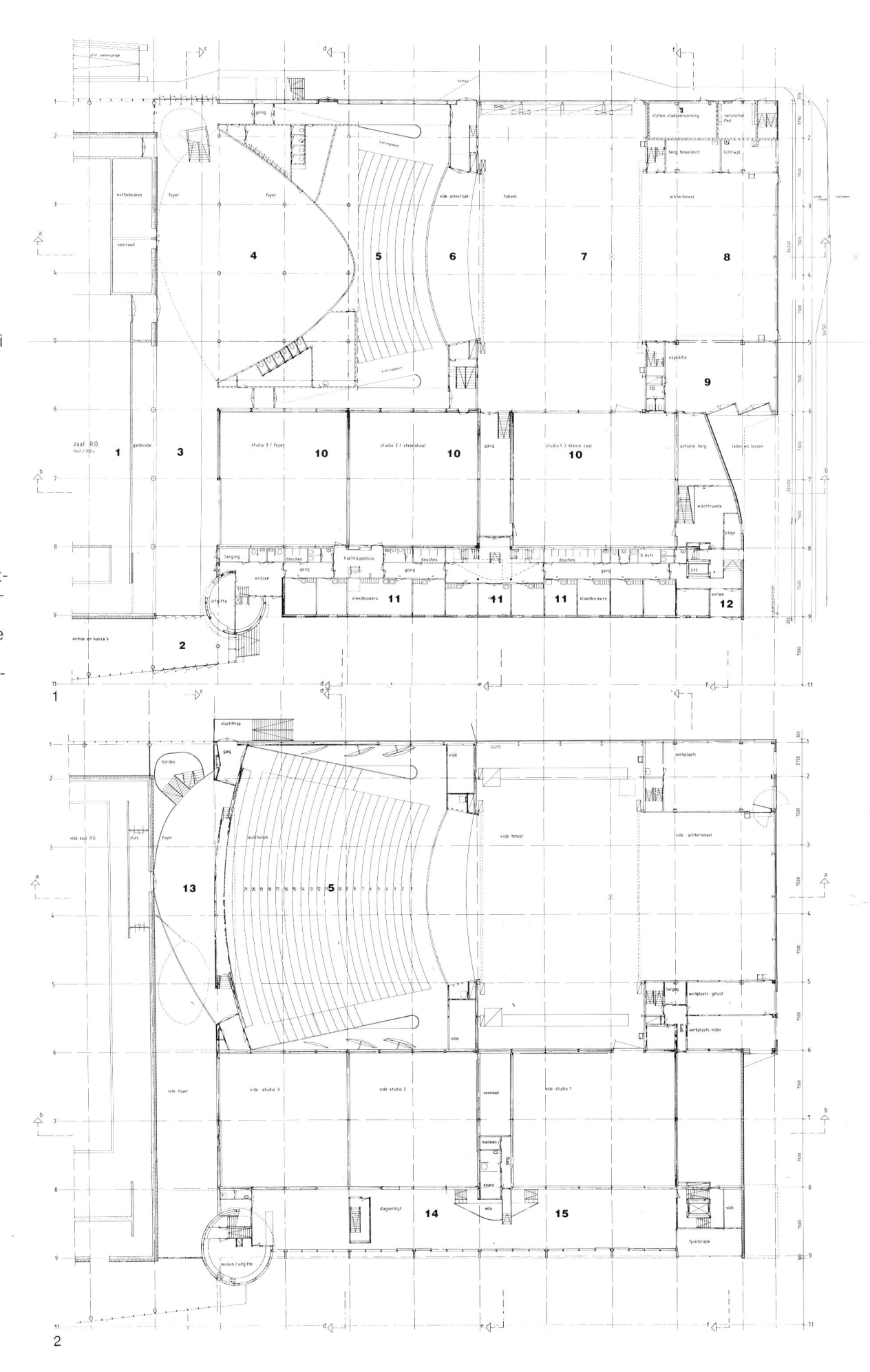

1● *Grundriss Erdgeschoss*
2● *Grundriss Obergeschoss des Amphitheaters*
3● *Längsschnitt mit Auditorium*
4● *Querschnitt mit Eingangshalle und Foyers*
5● *Querschnitt mit den drei Funktionszonen*

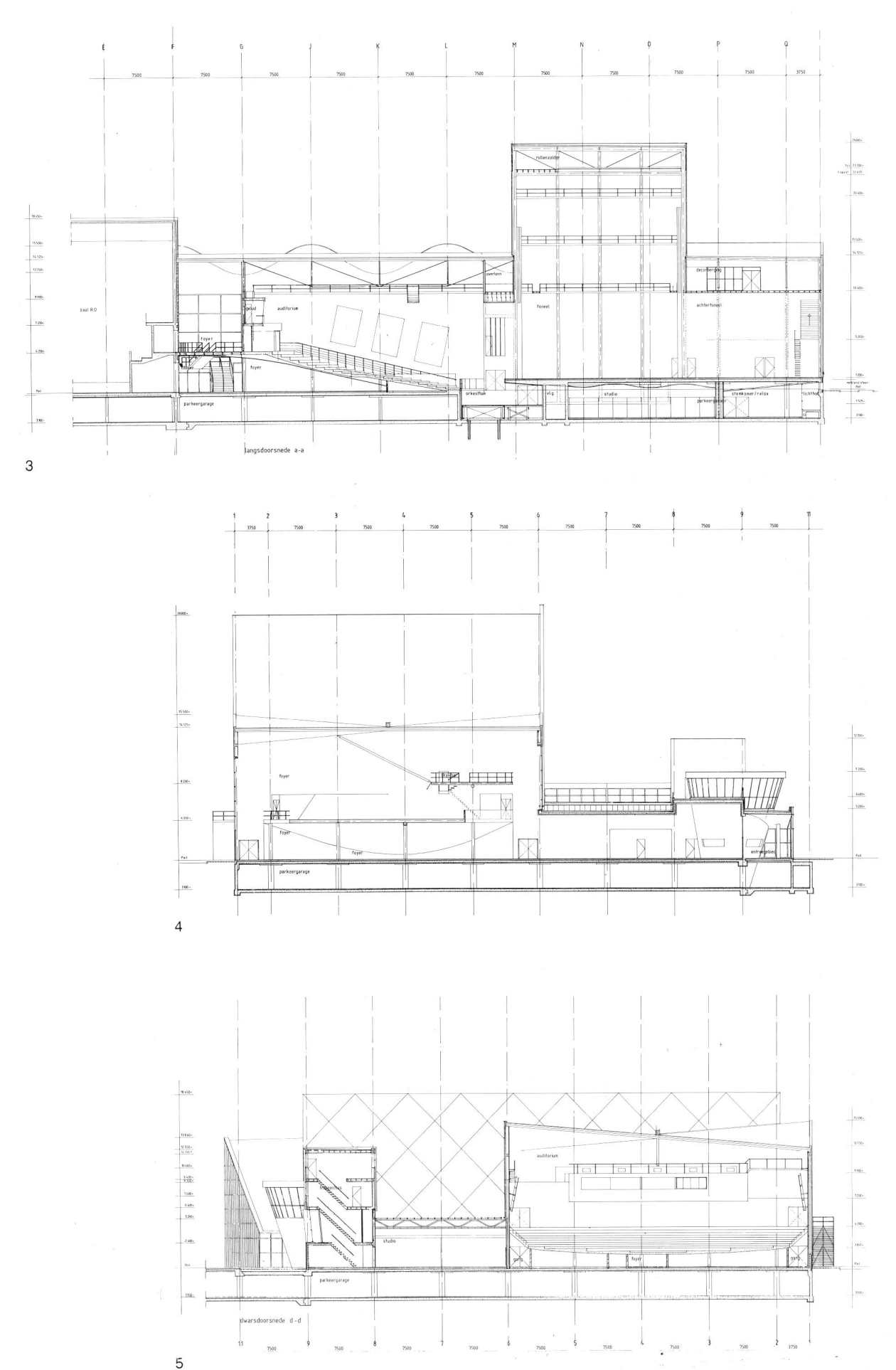

1 Konzerthalle; **2** gemeinsame Eingangshalle für Konzerthalle und Tanztheater; **3** Eingangshalle und Garderoben; **4** unteres Foyer, Bar; **5** Amphitheater; **6** Orchestergraben; **7** Hauptbühne; **8** Hinterbühne; **9** Requisitenlager, Liefereingang; **10** Tanzstudios; **11** Umkleideräume; **12** Verwaltungseingang; **13** oberes Foyer; **14** Künstlercafeteria und -foyer; **15** Kostümschneiderei

Die räumliche Entwicklung der Foyers

An dem Punkt, an dem sich Eingangshalle und Amphitheater kreuzen, befreit sich der Entwurf von seinem orthogonalen Aufbau. Ein wahres Spiel mit Symmetrien, Kurven, Tangenten, Neigungen und Asymmetrien kennzeichnet hier die weitere Entwicklung der Eingangshalle, vom unteren Foyer (horizontal und unter den Rängen des Auditoriums eingezwängt) bis zum oberen Foyer (das sich vertikal gegen die Unterseite der wellenförmigen Decke erweitert). Der bis dahin linear verlaufende Weg ändert seine Richtung und läuft entlang den glatten, gekurvten Wandflächen, dem bogenförmigen Zwischengeschoss bis zu der eiförmigen „Sky Bar", die in die Höhe aufsteigt – wie ein Wachturm, von dem man während den Pausen das Gewühl der Zuschauer in den Foyers beobachten kann... und die Lichter der Stadt.

1● *Haupttreppe zum Balkon des oberen Foyers*
2● *Die Ebenen des Foyers*

3● *Blick auf die Stadt von der Sky Bar*
4● *Kegelstumpf im Restaurant, Drehpunkt des Eingangs zur Halle*
5● *Das unter die geneigten Ränge eingeschobene Foyer im Erdgeschoss*

Ein dynamisches Gleichgewicht

Im Innern des Theaters, wie überall im Gebäude, gereichen formale Freiheiten nie zum Nachteil funktioneller Kriterien. Das Auditorium des Amphitheaters, der Orchestergraben wie auch die Bühne und deren Zugänge sind streng symmetrisch angeordnet. Das Gleichgewicht ist aber nicht starr. Das doppelt gekrümmte Metalldach, die geneigten bogenförmigen Akustikpaneele, die aufgehängten Technikbrücken, die seitlichen, leicht abfallenden Zugänge sind alles Elemente, die die horizontale Stabilität aufbrechen und dem Raum Vitalität und Dynamik verleihen – wie zur Einstimmung auf das bevorstehende Tanzerlebnis auf der Bühne.

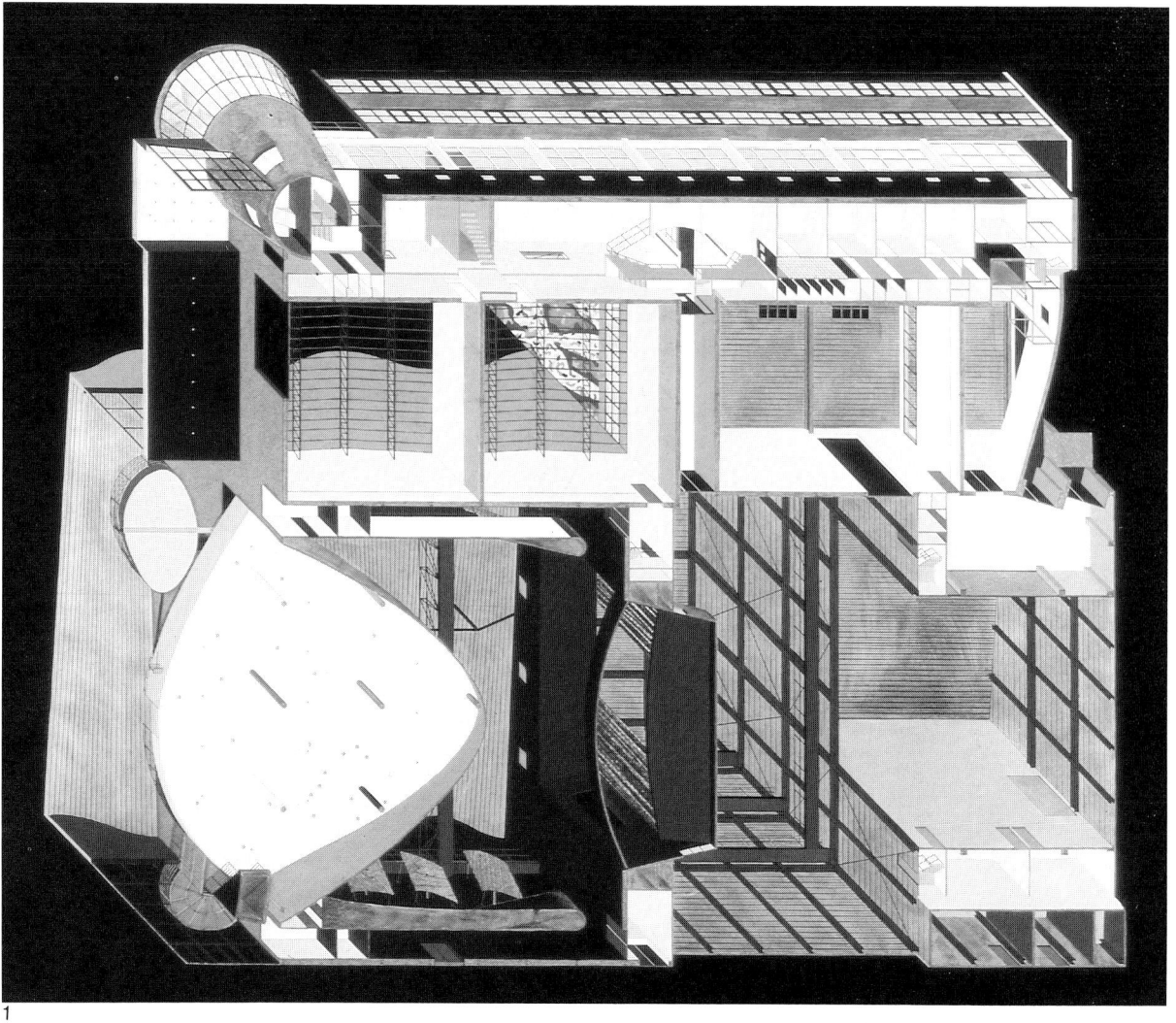

1● *Axonometrie des Gebäudes*
2● *Seitlicher Zugang im Auditorium zu den unteren Rängen*
3● *Blick auf die Bühne von den oberen Rängen*
4● *Auditorium mit Technikbrücke an der Rückwand*

DEUTSCHLAND

JÜRGEN SAWADE

SCHAUBÜHNE
BERLIN 1981

Das Schauspielerensemble der Schaubühne formierte sich 1967 unter der Leitung von Peter Stein und hatte es immer vermieden, konventionelles Theater zu spielen. Der Wunsch, Schauspieler und Publikum in einem einheitlichen Raum zu integrieren und diesen Raum dann jeweils den Bedürfnissen eines Stücks anpassen zu können – die Idee vom homogenen und flexiblen Theater –, konnte in Auditorien, die auf dem italienischen Modell basieren, nicht realisiert werden, weil sie zu unflexibel und durch die Trennung zwischen Bühne und Rängen gekennzeichnet sind. Die Schaubühne, die in ihren Anfängen nur über einen Raum mit begrenzten theatralischen Möglichkeiten verfügte, zog es deshalb häufig vor, ihre Inszenierungen in weniger einengenden Orten, wie Filmstudios oder Ausstellungshallen, aufzuführen.
Durch den Erfolg ermutigt und von Erfahrungen geleitet, schaute sich die Schaubühne 1975 nach einem geeigneten Ort um, der mehr ihrer künstlerischen Konzeption entsprach. Sie zog in das ehemalige Kino Universum am Kurfürstendamm in Berlin ein, das sowohl von seiner Lage wie auch von seiner architektonischen und historischen Bedeutung her ein aussergewöhnlicher Bau ist. Dieser Saal war Teil eines kulturellen Komplexes (Kino, Theater, aber auch ein Hotel und Wohnungen), 1927 von Erich Mendelsohn auf dem Lehniner Platz gebaut. Das Gebäude entsprach den Vorstellungen der Schaubühne, und die Umbauarbeiten konnten ohne Veränderungen am Äusseren des Gebäudes durchgeführt werden. Heute wird der ausgedehnte zentrale Hauptraum als Auditorium genutzt – ein offener Raum, in dem die Lage des Aktionsbereichs nicht festgelegt ist. Der veränderbare Raum kann in seiner Funktion jeder Inszenierung durch die Kombination oder Ergänzung mobiler Einrichtungen an den Wänden, Boden und Decke angepasst werden. Das Volumen kann in drei Auditorien geteilt werden, die gemeinsam oder getrennt einsetzbar sind, hintereinander oder gleichzeitig – für Aufführungen, Proben oder Aufbauarbeiten. Der technische Apparat ist flexibel genug, um eine grosse Vielfalt von Konfigurationen zu ermöglichen, gleichzeitig aber so rationell, dass er ökonomisch ist und die Arbeit der Bühnenarbeiter erleichtert.
Das Experiment der Schaubühne ist einer der erfolgreichsten Versuche, die Inszenierungen von der Bühne herunter zu holen, wo sie sich seit der Einführung des italienischen Theaters verschanzt hatten.

Standort: Kurfürstendamm, Berlin
Architekt: Jürgen Sawade
Mitarbeiter: Klaus Wever (Theaterfachberatung)
Fertigstellung: 1981
Fassungsvermögen: variabel, maximal 300 Plätze (Auditorium I), 500 Plätze (Auditorium II), 700 Plätze (Auditorium III), insgesamt 2 000 Plätze

Ein Gebäude von Mendelsohn für ein experimentelles Theater: das Kino Universum wurde in ein Theater umgewandelt.

SCHAUBÜH
DIE ORESTIE DES
1 AGAMEMNON
»Der Schlächter wird geschlachtet«
2 CHOEPHOREN
3 EUMENIDEN

Eine integrierte Bühne

Das Theaterauditorium nimmt das grosse zentrale Schiff ein, während in den umliegenden Räumen die Foyers – im Erdgeschoss – sowie Räume für die Künstler, Technik und Verwaltung – in den oberen Geschossen – untergebracht sind. Streng genommen ist das gesamte Theaterauditorium eine Bühne, denn es gibt keine klare Abtrennung zwischen Aktionsbereich und Auditorium. Um einen stützenfreien Raum zu erhalten, der bis unter das Dach des zentralen Schiffs emporragt, wird die gesamte Last von Treppentürmen aus Beton in den Eckpunkten getragen, die jeweils zu zweit in der Länge durch Stahlbetonträger miteinander verbunden sind. In den Treppentürmen ist die Technik und die Kostümschneiderei untergebracht, gleichzeitig tragen sie die Eisenquerträger der Dachkonstruktion, an der die Deckensegmente aufgehängt sind.

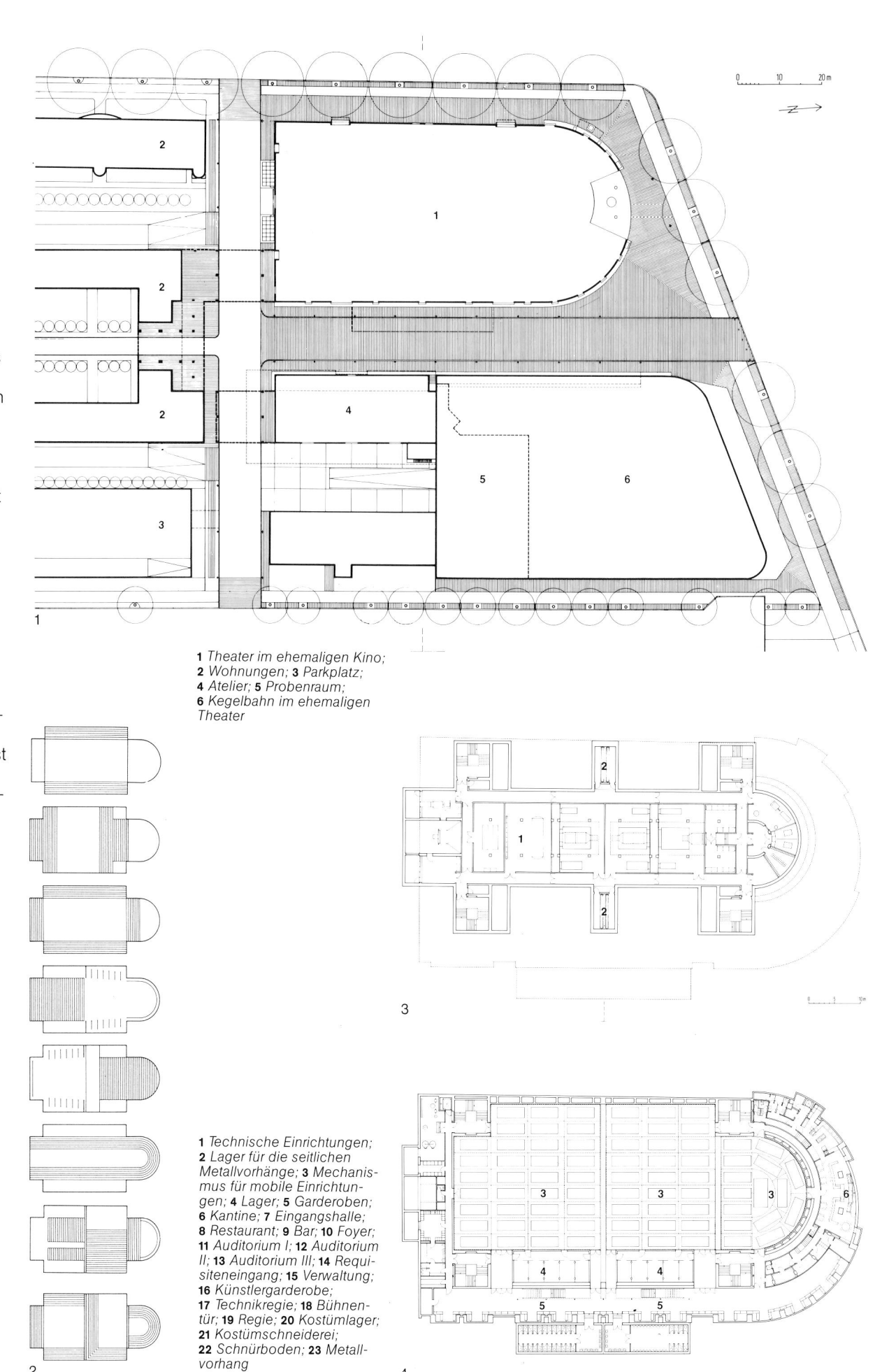

1 Theater im ehemaligen Kino;
2 Wohnungen; **3** Parkplatz;
4 Atelier; **5** Probenraum;
6 Kegelbahn im ehemaligen Theater

1 Technische Einrichtungen;
2 Lager für die seitlichen Metallvorhänge; **3** Mechanismus für mobile Einrichtungen; **4** Lager; **5** Garderoben; **6** Kantine; **7** Eingangshalle; **8** Restaurant; **9** Bar; **10** Foyer; **11** Auditorium I; **12** Auditorium II; **13** Auditorium III; **14** Requisiteneingang; **15** Verwaltung; **16** Künstlergarderobe; **17** Technikregie; **18** Bühnentür; **19** Regie; **20** Kostümlager; **21** Kostümschneiderei; **22** Schnürboden; **23** Metallvorhang

1. *Situationsplan*
2. *Verschiedene Anordnungen der Auditorien*
3. *Grundriss zweites Untergeschoss*
4. *Grundriss erstes Untergeschoss*
5. *Bar im Erdgeschoss*
6. *Grundriss Erdgeschoss*
7. *Grundriss Ebene 1*
8. *Grundriss Ebene 2*
9. *Grundriss Ebene 3*

Variable Einrichtungen

Boden, Wände und Decke des Auditoriums haben ein Rastermass von 1 m. In die Bohlen der Sichtbetonwände sind Befestigungsschrauben eingelassen, die die Anbringung von Schallpaneelen und Bühnenbildern erlauben. Die mobilen Quertrennwände sind durch Türen aus galvanisiertem Stahl gesichert und elektrisch ausfahrbar. Der durchgehende Bühnenboden ist aus Kiefernholz und liegt auf hydraulischen Drehlagern auf, so dass er in der Höhe verstellt werden kann. Das schwarze Metallgitter der beweglichen Deckensegmente ist punktuell mit kleinen Motorwinden ausgestattet. Elektrische Verbindungskabel sind systematisch unter dem Bühnenboden, der Deckenkonstruktion und an den Seitenwänden verteilt.

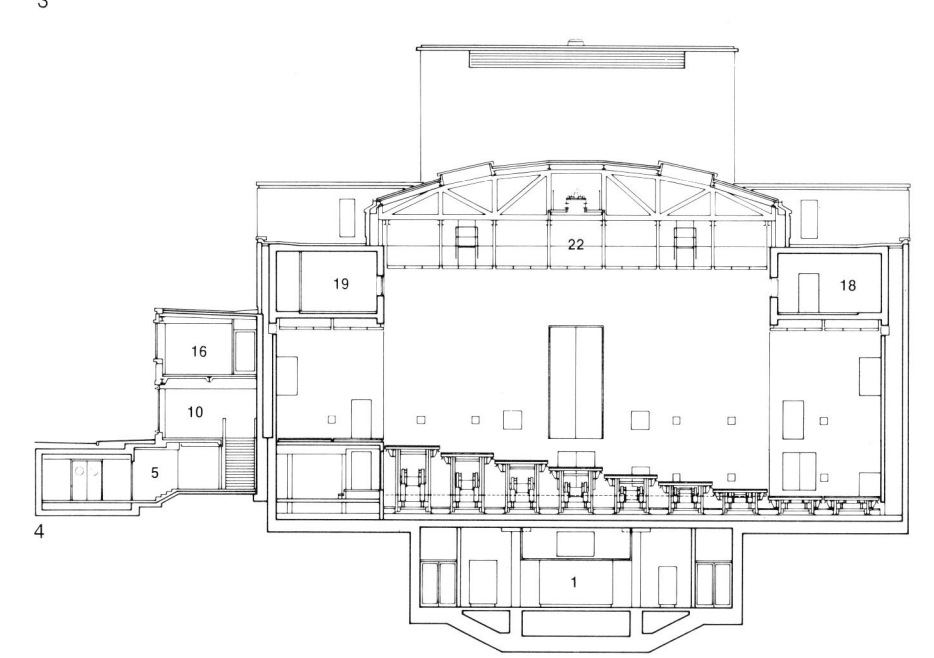

1● Die Inszenierung von „Disput" von Marivaux
2● Auditorien I, II und III in hufeisenförmiger Anordnung
3● Auditorien I, II und III mit horizontaler Bühne
4● Querschnitt, Bühne und Ränge
5● Die unterteilende Achse zwischen den Auditorien II und III mit mobilen Zwischenwänden
6● Längsschnitt, horizontale Bühne

5

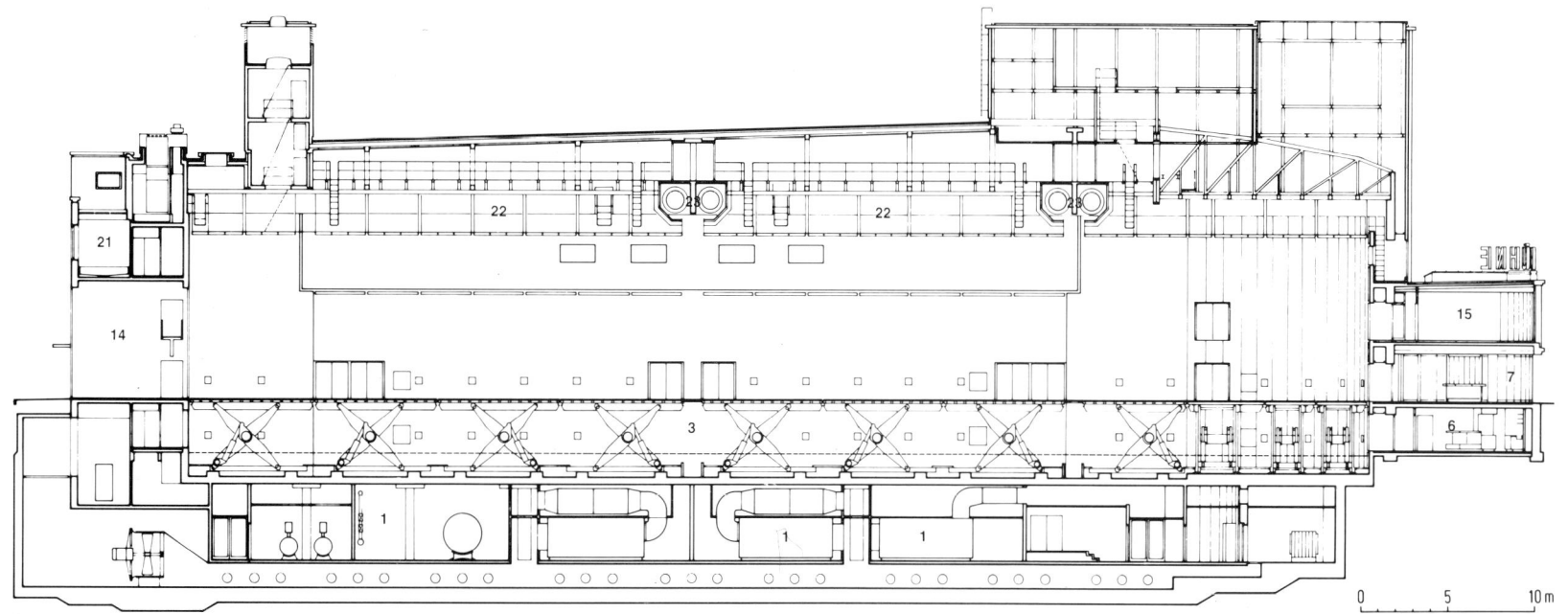

6

FRANKREICH

PATRICK BOUCHAIN und JEAN HARARI

JACQUES BREL HALLE
CHAMPS-SUR-MARNE 1989

Die Jacques Brel Halle, die von einer kommunalen Vereinigung mit Unterstützung der neuen Stadt Marne-la-Vallée finanziert wurde, ist ein Markstein in der Entwicklung der sogenannten Mehrzweckauditorien. Dieses Konzept der Mehrzwecknutzung – das Mitte der siebziger Jahre entstand und die eher anspruchslosen Schauspielhäuser ersetzen sollte – begründete sich vor allem aus ökonomischer Sicht, denn das beste Mittel, um den Bau solcher Schauspielhäuser profitabel zu machen, war deren Anpassung an unterschiedliche Aktivitäten. In der Praxis war das Konzept der Mehrzwecknutzung aber eher ein Ausdruck der politischen Ziele des Bauherrn als eine tatsächliche technische Errungenschaft. In dem Versuch, jedem Einsatz gerecht zu werden, erwiesen sich diese Auditorien für alle Nutzungen als mittelmässig, die flexiblen Einrichtungen waren kostenintensiver als man vorhergesehen hatte und ausserdem ungeschickt.

Bei dem Auditorium in Champs-sur-Marne versuchten Patrick Bouchain und Jean Harari dieses Problem zu lösen, indem sie die Lehren solcher Regisseure heranzogen, die konventionelle Theater verschmähen und ihre Aufführungen in nicht mehr genutzte industrielle Räume verlegen – grosse umgebaute Hallen, die auf ihre Art eine Vorstellung vom berühmten Konzept der Mehrzwecknutzung vermitteln.
Ausgehend von diesen Erfahrungen und gezwungen, mit einem extrem engen Budget zu arbeiten, das jede Möglichkeit eines komplexen Gebäudes mit hochentwickelten Einrichtungen ausschloss, entschieden sich die Architekten für eine Lösung, die Ökonomie, effektive Funktionalität und eine offensichtliche Bescheidenheit vereint.
Das Auditorium ist in eine reine geometrische Form eingeschrieben: einen Quader, der auf seine Grundformen reduziert ist. Trotzdem ist mit diesem minimalen Gestaltungsmittel die Beziehung zwischen Innen und Aussen auf viel subtilere Art geschehen, als durch blosse Abtrennung mit einer Wand. Die doppelte Hülle – die im allgemeinen die Qualität der Zwischenbereiche in konventionellen Theatern ausmacht, auf die aber in diesem Fall aus Budgetgründen verzichtet werden musste – wurde ersetzt durch eine umlaufende Galerie, die auf sehr sparsame Weise die Idee von der räumlichen Entwicklung im Innern des Theaters vermittelt. In die Gebäudekonstruktion integriert, hat die Galerie neben dieser wesentlichen Aufgabe noch andere Bedeutungen. Mit der horizontalen Bezugnahme betont sie die Beziehung zwischen dem Gebäude und dem abfallenden Gelände: Sie schwächt die Wirkung der undurchsichtigen vertikalen Oberfläche ab, indem sie diese auf halber Höhe durchschneidet. Auf der Westseite bietet sie schliesslich einen Panoramablick über das bewaldete Tal und auf den Fluss.

Standort: Avenue de Chelles, 77420 Champs-sur-Marne, Frankreich
Bauherr: Syndicat d'agglomération nouvelle de Marne-la-Vallée/Val Maubué; EPA Marne (bevollmächtigter Bauherr)
Architekten: Patrick Bouchain und Jean Harari
Mitarbeiter: Noel Napo (Theaterfachberatung); Eric Loiseau (Kostenplanung)
Technische Gebäudeplanung: ARCOBA
Fertigstellung: 1989
Flächen: 2 600 m² Grundstücksfläche; 1 785 m² überbaute Fläche; 1 000 m² Aussengalerie
Fassungsvermögen: 710 Plätze (einschliesslich 510 Klappstühle)
Kosten: ca. 3.5 Mill. DM (Gebäude); ca. 1 Mill. DM (Bühnentechnik)

Ponton und Schiffsschornstein für eine Mehrzweckhalle: das Auditorium in Champs-sur-Marne auf dem Platz vor dem nahe gelegenen Postamt.

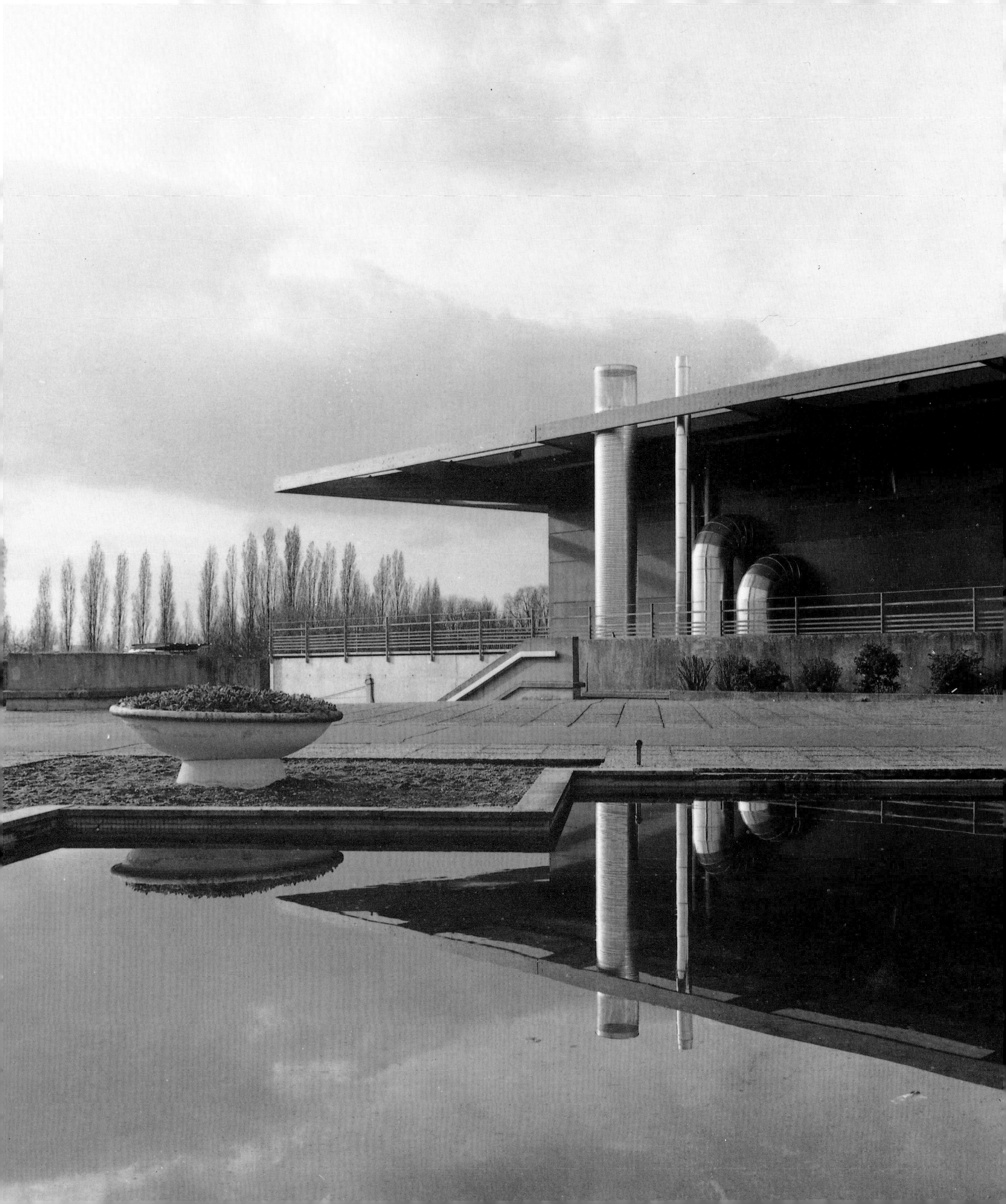

Eine umlaufende Galerie

Das inmitten einer Siedlung aus einzeln stehenden Wohnhäusern und längs dem Platz vor dem Postgebäude errichtete Auditorium orientiert sich in Richtung des abfallenden Geländes – die Ränge folgen dem natürlichen Gefälle. Der Grundriss greift die Topographie des Geländes auf, um das Eingangsproblem zu lösen: Die Zuschauer haben von der Eingangshalle aus direkten Zugang zum oberen Teil der Ränge, während sich die Service- und Technikeingänge auf der Rückseite befinden, auf gleicher Höhe wie die Bühne. Die technischen Einrichtungen, Umkleideräume und Verwaltung sind um den Bühnenbereich auf zwei Ebenen zusammengefasst und bilden den Sockel des Gebäudes im unteren Teil der Anlage.

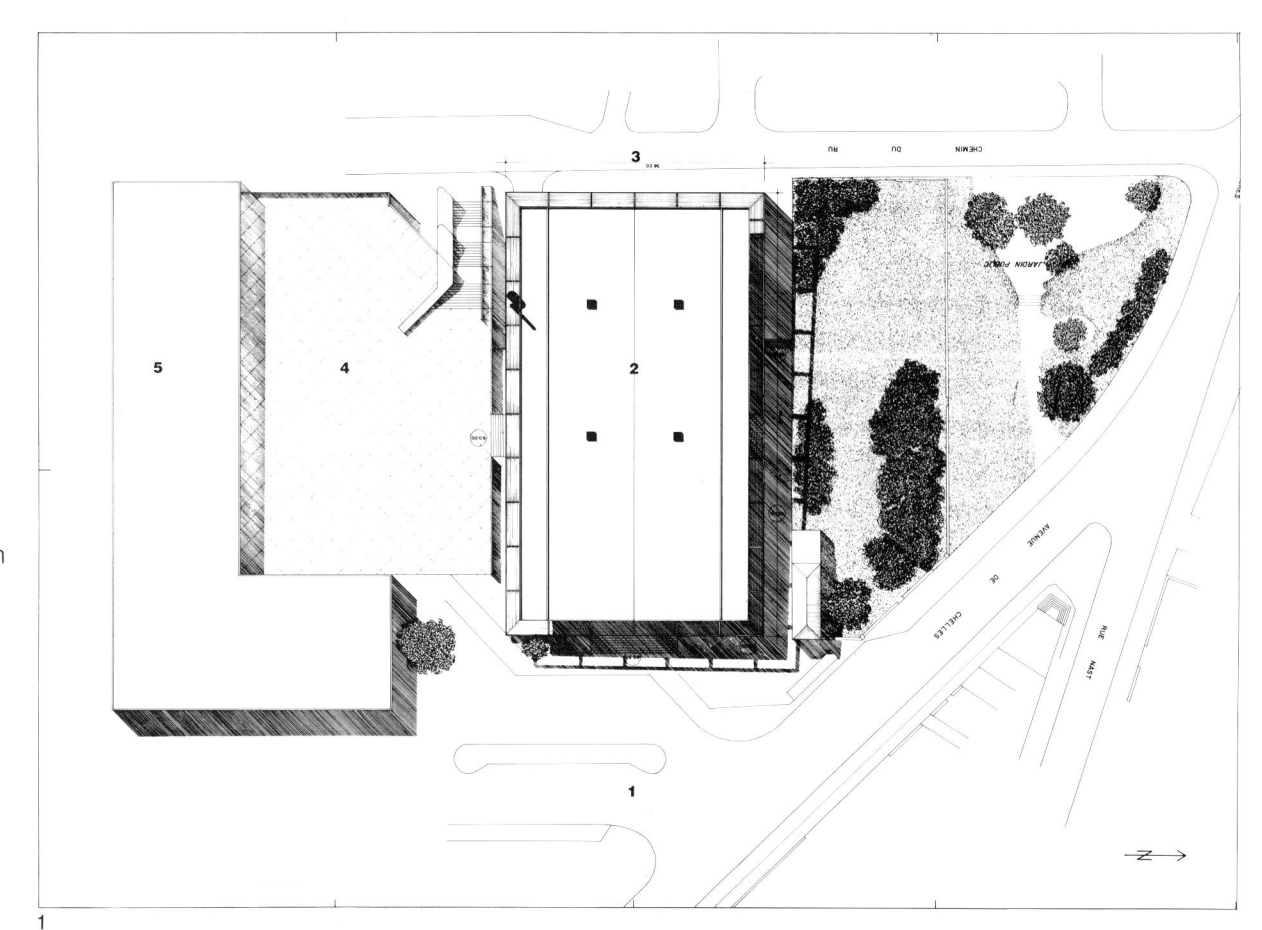

1• Gebäudemassen
2• Ansicht von Osten
3• Grundriss Bühnenebene
4• Grundriss Umkleideräume und Verwaltungsebene
5• Grundriss Eingangsebene
6• Längsschnitt
7• Querschnitt

1 Parkplatz; **2** Jacques Brel Halle; **3** Zulieferstrasse; **4** Postplatz; **5** Postgebäude

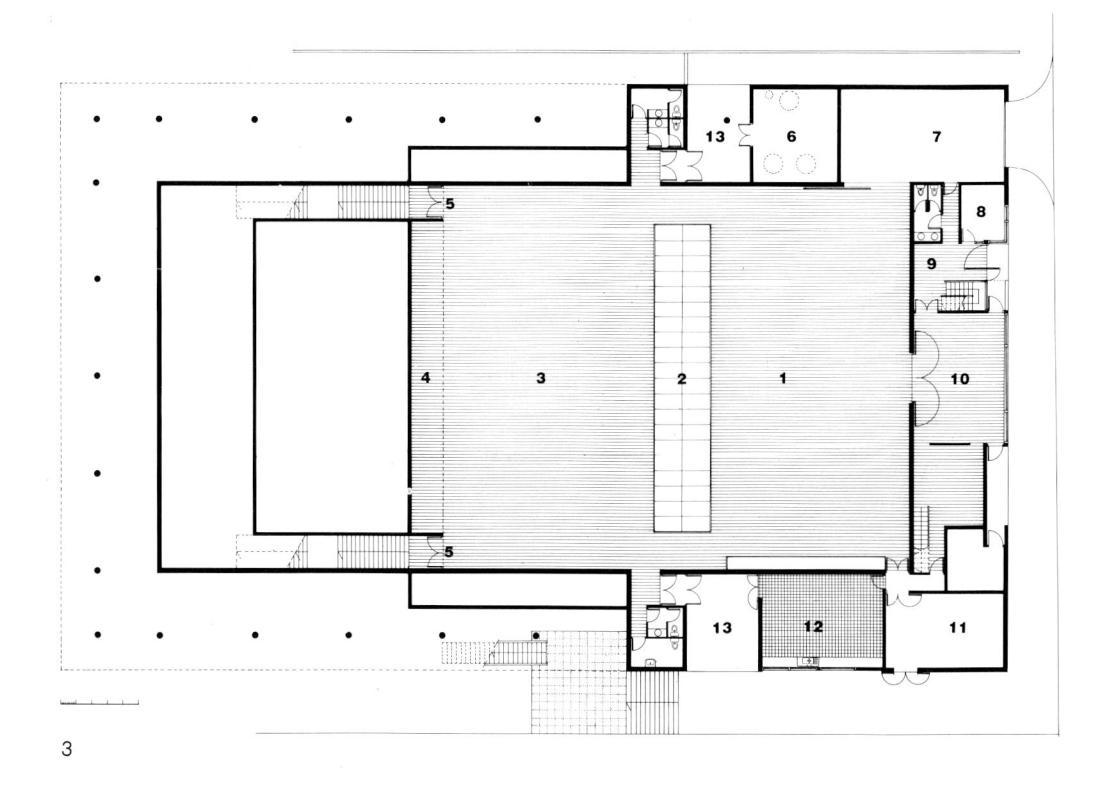

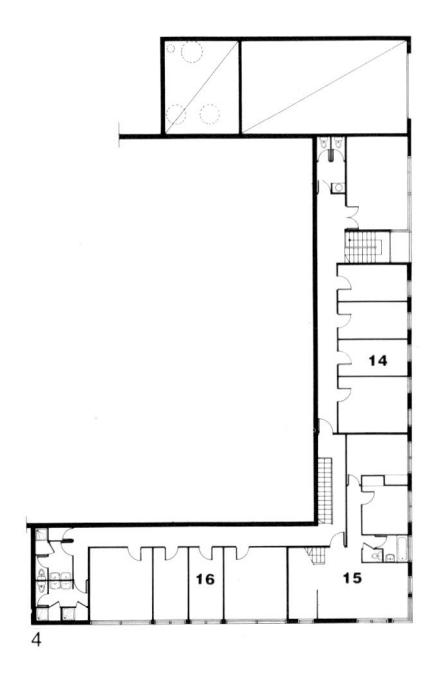

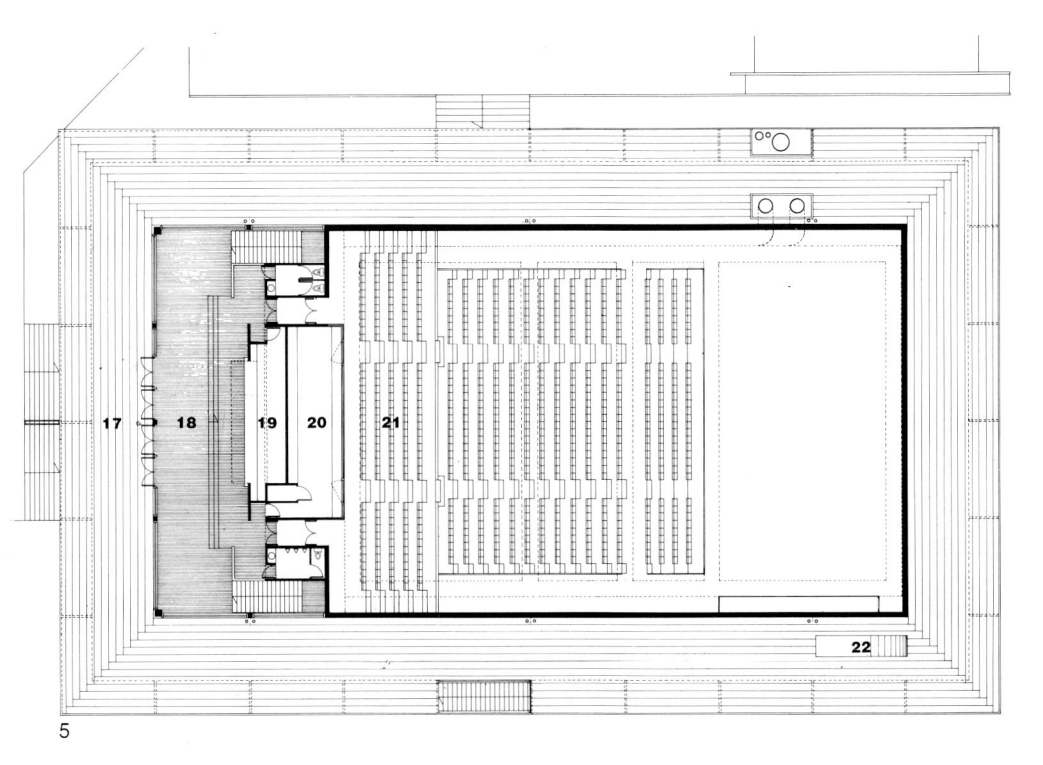

1 *Bühne;* 2 *veränderbarer Orchestergraben;* 3 *Parkett;* 4 *variable Ränge;* 5 *Eingang untere Ebene;* 6 *Kesselhaus;* 7 *Requisiteneingang;* 8 *Portiersloge;* 9 *Verwaltungseingang;* 10 *Künstlerfoyer;* 11 *Lager;* 12 *Vorratsraum;* 13 *Notausgänge;* 14 *Büros;* 15 *Hausmeisterwohnung;* 16 *Umkleideräume;* 17 *Galerie;* 18 *Eingangshalle;* 19 *Garderoben, Bar;* 20 *Regie;* 21 *Balkon;* 22 *Eingang zur Hausmeisterwohnung*

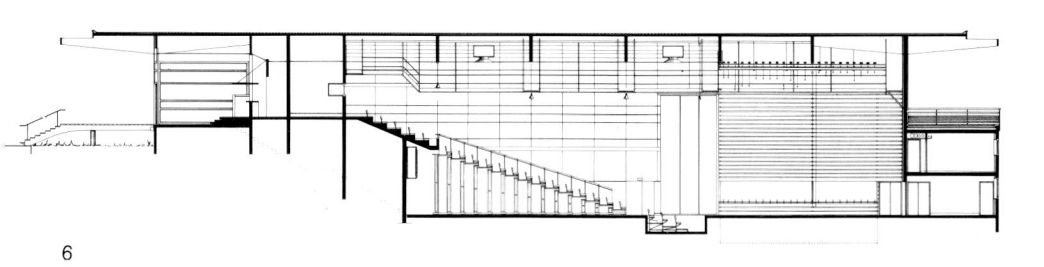

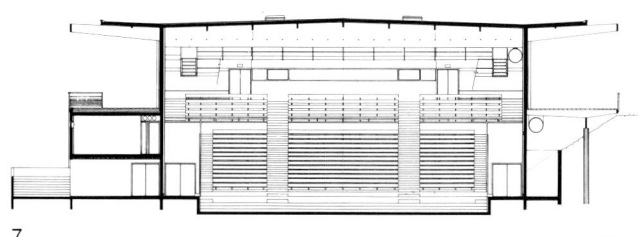

Faltbare Ränge

Der einzige feste Bereich des Auditoriums ist der Balkon; die mit einem Motor bewegte, faltbare Tribüne kann unter den freitragenden Balkon geschoben werden, um die gesamte Fläche frei zu haben. Zwischen Auditorium und Bühne befindet sich eine demontierbare Bodenfläche, die als Orchestergraben oder für drei weitere Reihen der Ränge dienen kann. Der fehlende Bühnenrahmen wird durch eine Technikschiene ersetzt, die über die gesamte Bühnenfläche geht und mit einem System von Gegengewichten ausgestattet ist. Zu einem späteren Zeitpunkt werden Technikbrücken an der Decke des Auditoriums aufgehängt, in einer Linie mit den Balken aus Holzleimbinder. An der Wand sind abwechselnd Paneele und Streifen aus Rockwool verschraubt, die für eine besserer Schallabsorbierung sorgen.

1● Südseite der umlaufenden Galerie, unterbrochen von Schornsteinen und Abluftrohren
2● Nordseite der Galerie
3● Westfassade mit Liefereingang und Bühnentür
4● Eingangshalle
5● Auditorium mit zusammengefalteten Rängen
6● Auditorium mit auseinandergefalteten Rängen

FINNLAND

ALVAR AALTO

JYVÄSKYLÄ THEATER
JYVÄSKYLÄ 1982

Im Alter von 25 Jahren eröffnete Alvar Aalto 1923 in Jyväskylä, der Stadt, in der er seine Jugend verbracht hatte, sein erstes Architekturbüro und machte seine ersten Entwürfe für diese Stadt. 40 Jahre später entwarf er ein Verwaltungs- und Kulturzentrum, das ein Polizeiamt, ein Regierungsgebäude, eine Erweiterung des alten Rathauses und das städtische Theater umfassen sollte, alle um einen öffentlichen Platz und Park angelegt. Als Aalto 1976 starb war nur das erste Gebäude realisiert; seine Frau Elissa und die Mitarbeiter seines Büros führten das Projekt konsequent weiter unter Berücksichtigung von Aaltos Entwürfen.

Das Jyväskylä Theater illustriert Aaltos Entscheidung zur Einbeziehung des mitunter heterogenen Kontexts und seine Annäherung an die Architektur ohne Abschwächung. Das gesamte Gebäude spiegelt die Kunstfertigkeit wider, mit der er Gegensätze zusammengefügt und integriert: die natürliche Neigung des Geländes mit der horizontalen Architektur, den orthogonalen Stadtgrundriss mit der Schräge des Platzes und des Parks, die Massivität der geschlossenen Fassade zur Strassenkante mit der Leichtigkeit der Öffnungen zur Platzkante, die Transparenz der Eingangshalle mit der Geschlossenheit des Bühnenbereichs, die Horizontalität des Auditoriums mit der Vertikalität der Bühne. Um diese Widersprüche zu verbinden ohne sie aufzuheben, geht Aalto mit gleitenden Übergängen, Brüchen und Umkehrungen von einem Thema zum andern; er verwendet Schichten, die nach und nach versetzt sind, um sie in einem homogenen Raum zu überlagern. Diese Übergänge – in Grundriss, Schnitt und Ansicht ablesbar – treten in allen Bereichen des Gebäudes auf, von der städtischen Einbindung bis zum Innern des Gebäudes. Hier integriert das Theaterauditorium die gegensätzlichen Eigenschaften der beiden mit ihm verbundenen Räume: zum einen die Stabilität und Symmetrie der Bühne (die wichtigsten Voraussetzungen für jede Bühnengestaltung) und zum anderen die Dynamik und Asymmetrie der Foyers (die das Hin- und Hergehen und die Bewegung der Besucher wiedergeben). Durch den allmählichen Übergang von der Spannung, die vom Foyer ausgeht, zur Symmetrie der Bühne erfüllt das Auditorium die Aufgabe einer Schale, die die Zuschauer vor äusseren Störungen abschirmt und deren Aufmerksamkeit auf das Theatergeschehen lenkt.

Standort: *Vapaudenkatu, Jyväskylä*
Bauherr: *Stadt Jyväskylä*
Architekt: *Alvar Aalto*
Mitarbeiter: *Elissa Aalto und M. Assano, G. Gardberg, T. Hüsser, S. Kanerva, M. Kivijärvi, M. Merckling, V. Nava, P. Söderman; Eero Rönkkö Ltd. (Beleuchtungs- und Bühnentechnik), Mauri Parjo Ltd. (Akustik)*
Technische Gebäudeplanung: *Helander & Nirkkonen (Konstruktion), Chydenius & Vainio (Installation)*
Fertigstellung: *1982*
Fläche: *5 826 m²*
Fassungsvermögen: *551 Plätze (Auditorium I), 120-250 Plätze (Auditorium II)*
Kosten: *ca. 26.5 Mill. DM (Gebäude), ca. 4 Mill. DM (Theatertechnik)*

Die Terrasse als Verlängerung der Foyers dieses nordischen Theaters, das oberhalb eines Parks liegt.

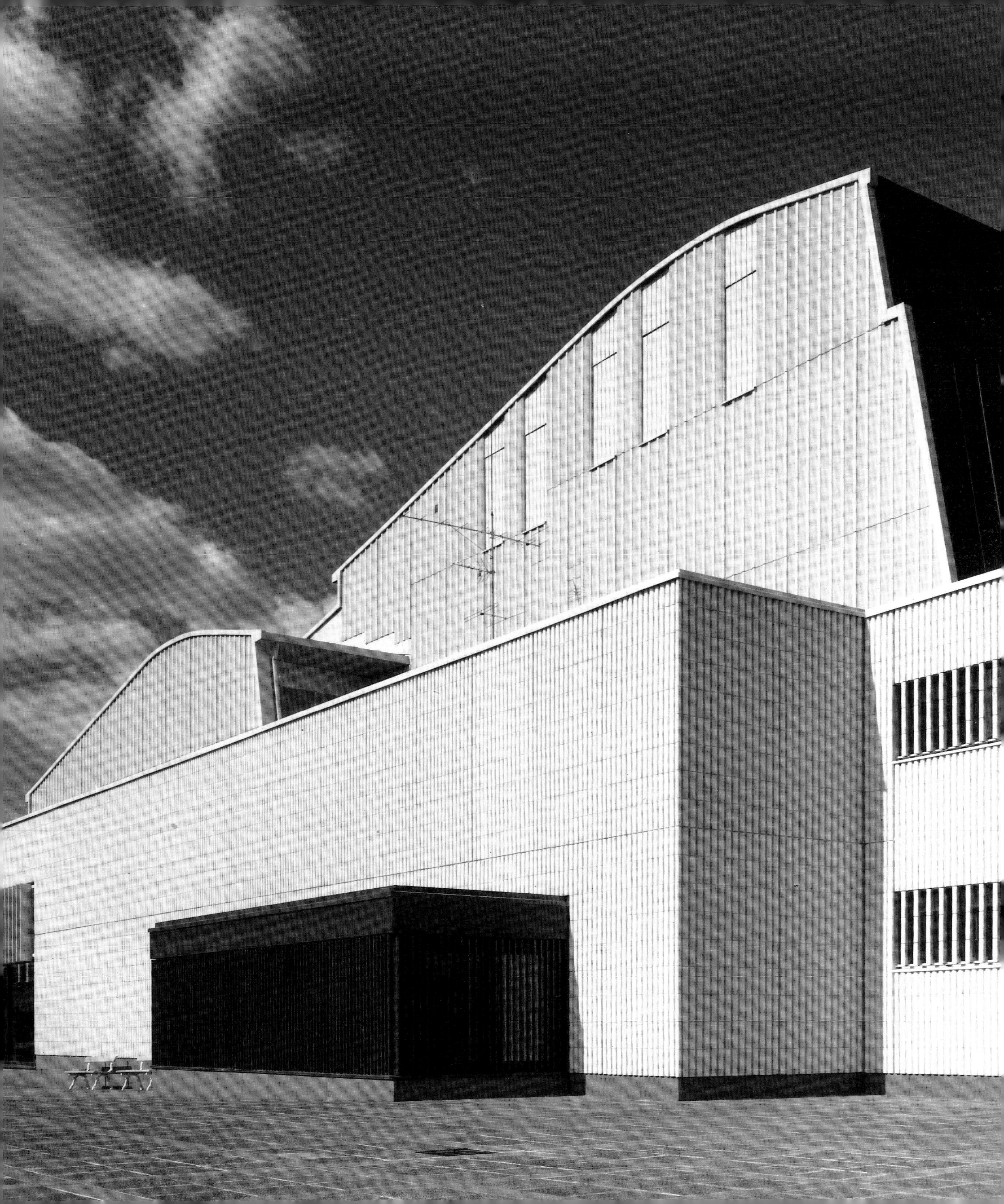

Das städtebauliche Entwurfskonzept

Das Jyväskylä Theater ist Teil einer Gebäudegruppe, die sich in das Strassenraster der Stadt einfügt, gegenüber einer alten Kirche und umgeben von einem Park.
Schon 1964 legte Aalto die Orientierung der neuen städtischen Bebauung fest: die Anordnung um einen zentralen Platz und Park, die stufenweise der Neigung des Geländes folgen und den Blick zur Kirche sowie zum tiefer liegenden Seeufer freigeben. An der Platzgrenze übernehmen die Gebäude den Verlauf der Strassen, aber zur Mitte hin folgen sie einer freien Anordnung und schaffen so Durchblicke und Spannungen, die den Weg durch den Park beleben.

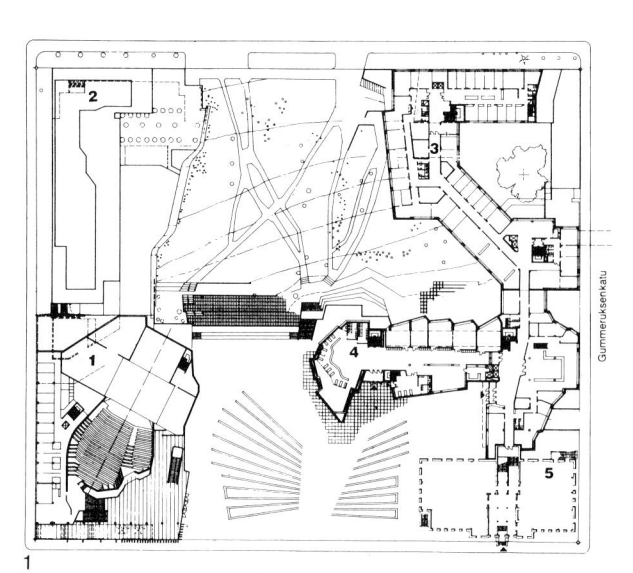

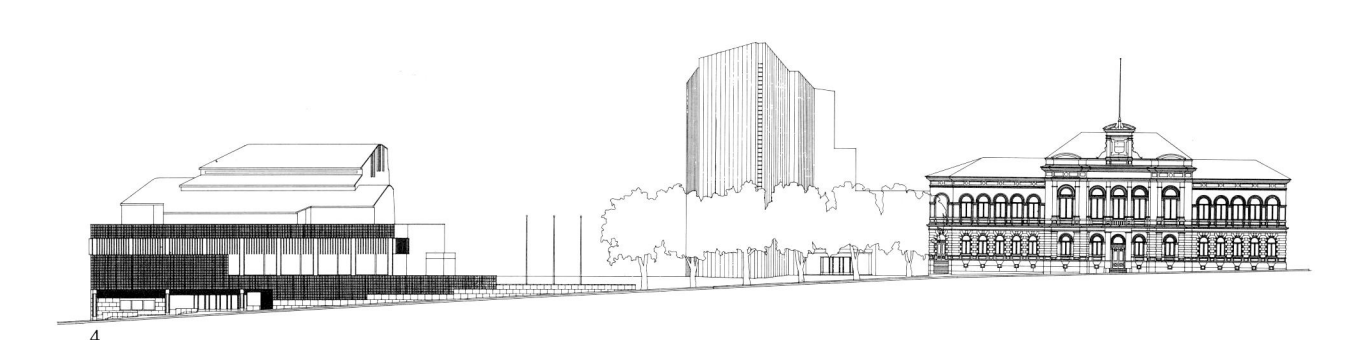

1 Theater (1982); **2** Polizeiamt (1970); **3** Stadtverwaltung (1. Bauabschnitt, 1978); **4** Regierungshochhaus (nicht gebaut); **5** altes Rathaus (1899)

1• Lageplan (Projekt 1972)
2• Lageplan (Projekt 1982)
3• Nordwestfassade (Theater)
4• Nordwestfassade (Gesamtanlage)
5• Ostfassade mit Fussgängerweg zum Polizeiamt und zu den Parkplätzen

Ein Gebäude voller Spannungen

Der Gebäudegrundriss ist rechtwinklig in eine Ecke des Geländes eingeschoben; Eingangshalle und Foyer liegen zur Hauptstrasse, die Umkleideräume und Büros orientieren sich zur Seitenstrasse. Zwischen den beiden Armen des L ist das Theater diagonal ausgerichtet. Die Loslösung von der Axialität hebt die frontale Anordnung der Eingangsbereiche aufgrund ihrer Anbindung an die Strasse auf und führt durch die schräge Eingangshalle zu einer dynamischen Entwicklung in Richtung der Haupttreppe.

Im Schnitt setzt sich die Gebäudehülle aus unabhängigen Schichten zusammen, die ineinander übergehen: aussen führt eine Dachterrasse um das ganze Gebäude herum, während gewellte Kupferplatten das Auditorium bedecken und das vorspringende Bühnenvolumen integrieren; im Innern begleitet eine Folge von aufgehängten Decken die räumliche Entwicklung vom lichtdurchfluteten Foyer zum geheimnisvollen Amphitheater.

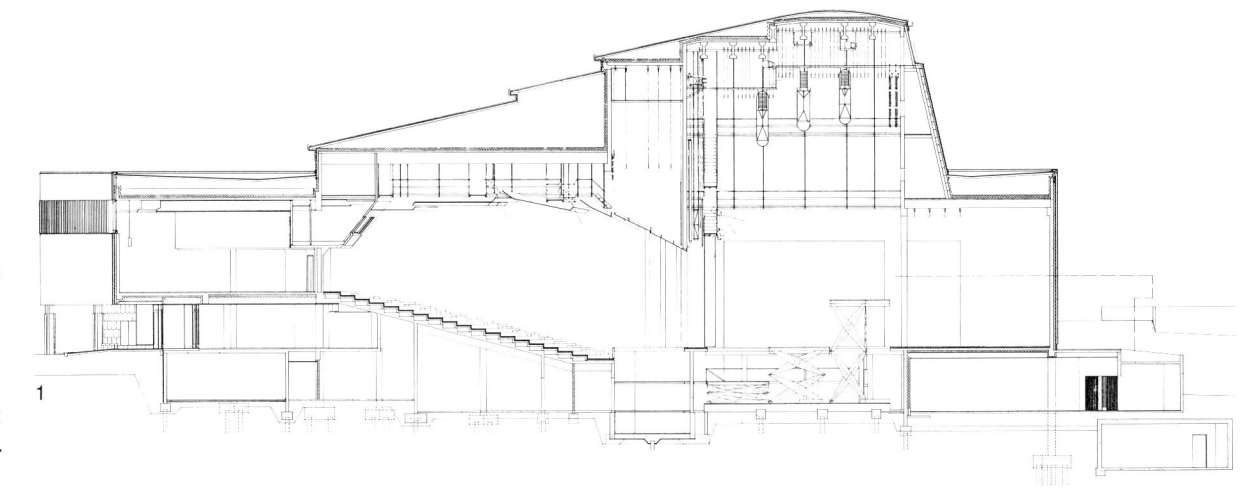

1● *Längsschnitt des Auditoriums*
2● *Haupttreppe mit dem trapezförmigen Treppenhaus, das sich nach unten ausweitet und die Schräge betont*
3● *Grundriss unteres Erdgeschoss*
4● *Grundriss oberes Erdgeschoss*
5● *Grundriss Ebene 1*
6● *Grundriss Ebene 2*

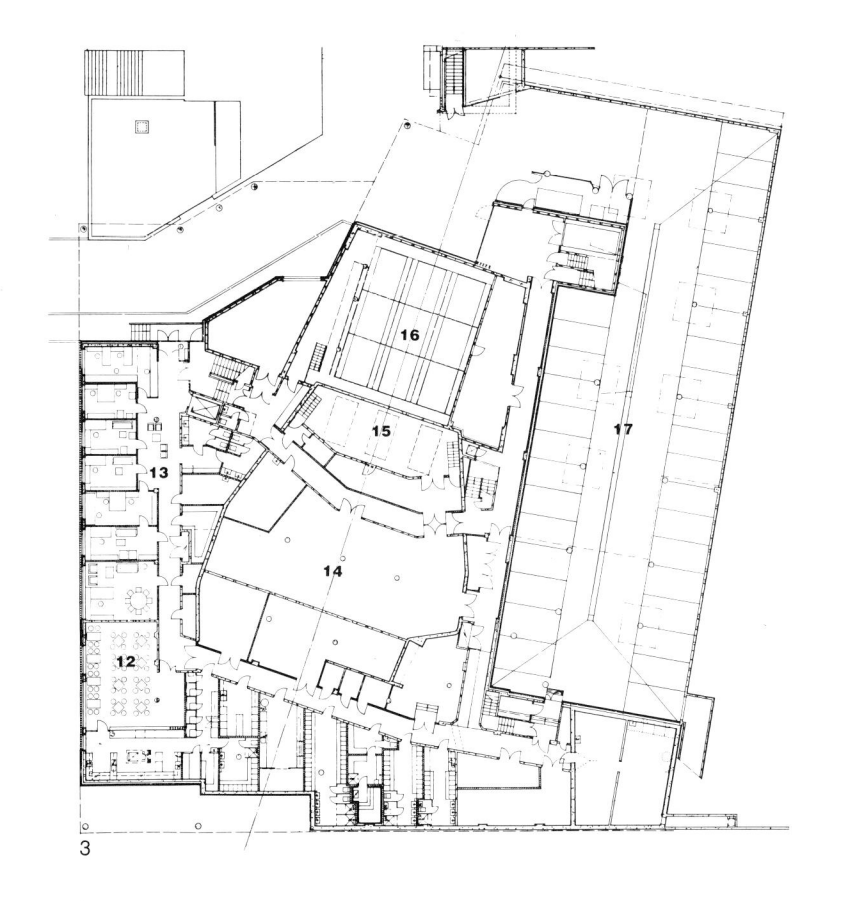

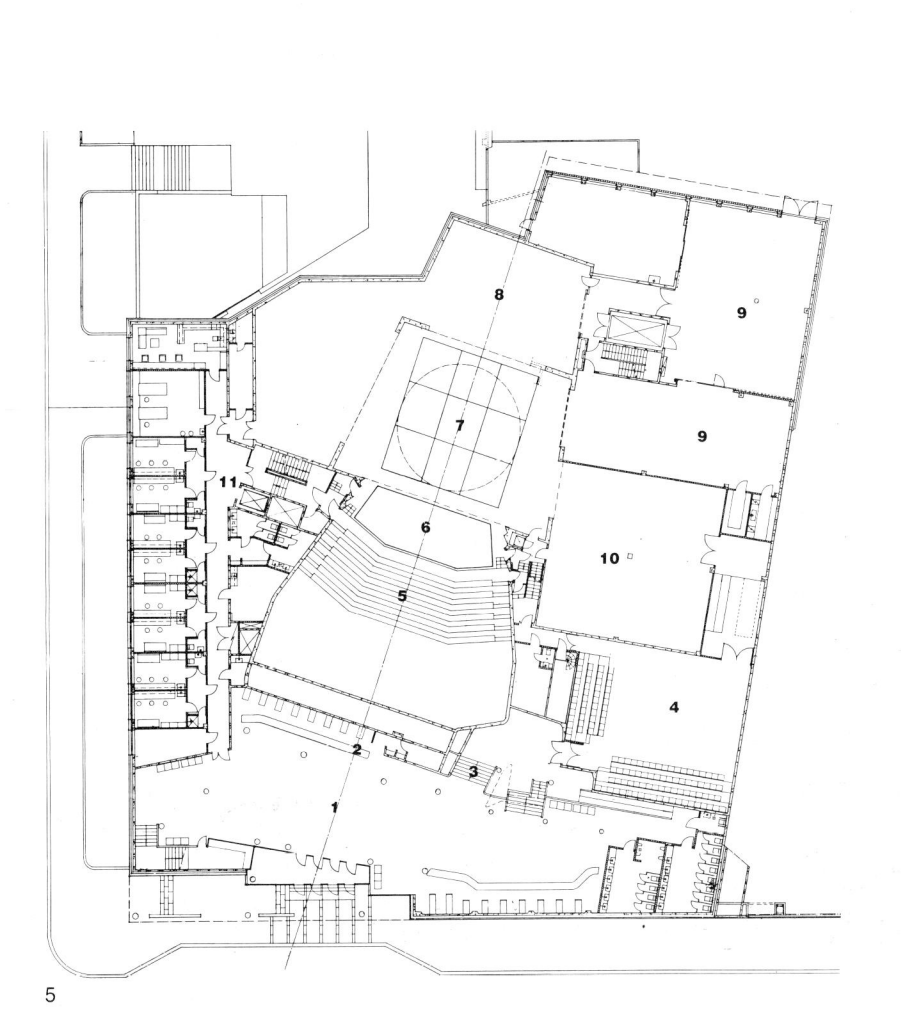

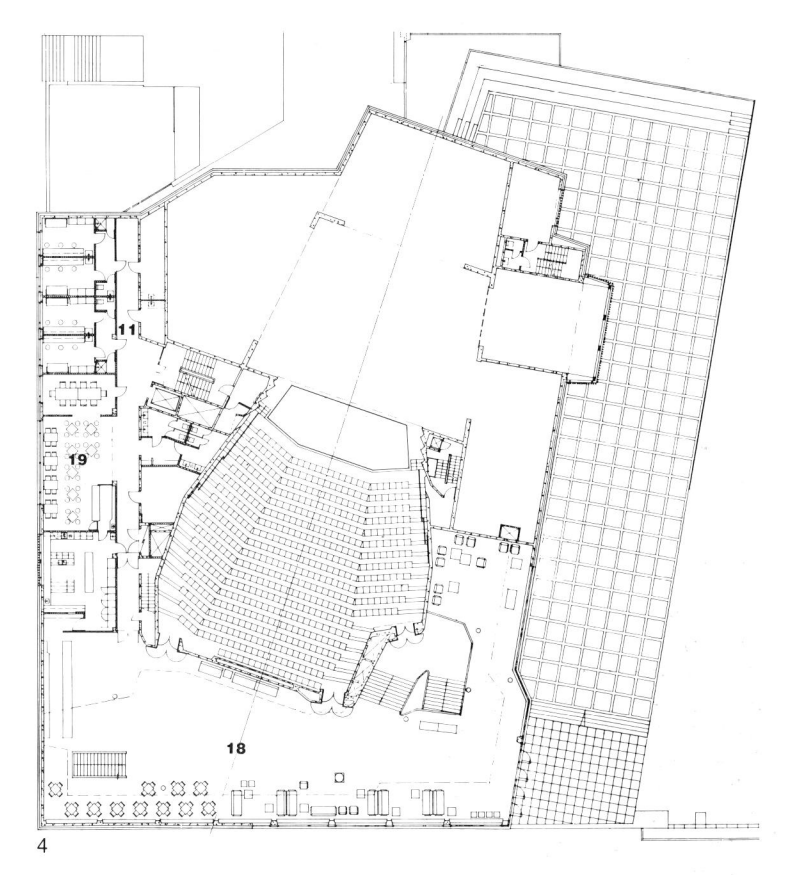

1 *Eingangshalle;* 2 *Garderoben;*
3 *Haupttreppe;* 4 *kleines veränderbares Auditorium;* 5 *Amphitheater;* 6 *Proszenium;* 7 *Bühne;*
8 *Hinterbühne;* 9 *Workshop;*
10 *Requisitenlager;* 11 *Umkleideräume;* 12 *Kantine;* 13 *Büros;*
14 *Lager;* 15 *Orchestergraben;*
16 *Unterbühne;* 17 *Parkplatz;*
18 *Foyer;* 19 *Künstlerfoyer;*
20 *Regie;* 21 *Probenraum*

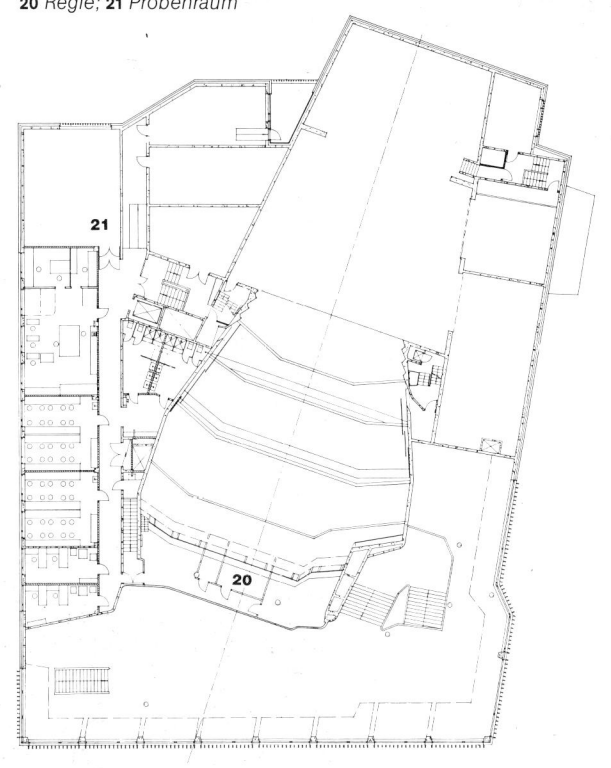

Dynamische Schichten

Das Foyer liegt keilförmig in der Ecke zur Strasse, entwickelt sich entlang der durchbrochenen Mauer des Amphitheaters, dreht sich um die Treppe bis es sich zu einer Terrasse entlang dem Platz erweitert. Während das kleine Auditorium im Erdgeschoss mit beweglichen Rängen ausgestattet ist, hat das grosse frontale Auditorium feste Sitzplätze. In den Rückenlehnen der Sitze ist das Lüftungssystem eingebaut. Die bewegliche Proszeniumszone ist mit Soffitten ausgestattet und kann in einen Orchestergraben umgewandelt werden. Die Bühne ist in der Höhe und Neigung regulierbar. Gegen die Stirnseite des Amphitheaters sind sich überlappende, gebogene Holzlamellenbündel angebracht; gegen die Bühne geneigt, dienen sie sowohl der besseren Akustik wie auch als Verkleidung für die seitlichen Beleuchtungskörper.

1

2

3

1• 2• 3• Foyer
4• 5• 6• Auditorium

USA

HARDY HOLZMANN PFEIFFER ASSOCIATES

BAM MAJESTIC
NEW YORK 1987

Nach seiner Erbauung im Jahr 1903 durch J.-B. Mac Elfainick diente das Majestic Theater in Brooklyn vorwiegend zur Aufführung von Musicals. Gershwin probte hier seine Musicals ein, bis man die eigentliche Nutzung des Gebäudes aufgab. Von nicht wiedergutzumachenden Eingriffen blieb es aber verschont. Es wurde in ein Kino umgewandelt, diente dann zur Unterbringung einer kirchlichen Einrichtung, bevor es schliesslich seit 1968 ungenutzt blieb. Im Laufe der Zeit zeigten sich immer mehr Schäden (Schäden am Dach, undichte Stellen, abbröckelnder Gips, abblätternde Wandmalereien).

Normalerweise umfassen Theaterrenovierungen die Reparatur solcher Schäden: Vergoldungen an den Täfelungen werden ausgebessert und die Samtvorhänge erneuert, technische Einrichtungen und Bühnentechnik werden diskret modernisiert. Das Majestic aber entging einer solchen nostalgischen Renovierung; erstens weil das Gebäude aus historischer Sicht nicht interessant genug war, um den Originalzustand wieder herzustellen, vor allem aber weil seine Wiedereröffnung mit einem ungewöhnlichen Theaterereignis zusammenfiel: die Inszenierung von Peter Brooks Mahabharata. Dank der Anregung dieses Regisseurs und seines Technikdirektors Jean-Guy Lecat entwarfen die Architekten Hardy, Holzman und Pfeiffer einen ungewöhnlichen Bühnenbereich, bei dem sie sich vom Bouffes du Nord – dem alten Pariser Theater, das Brook vor dem Abbruch gerettet hatte – inspirieren liessen. Im Majestic, wie im Bouffes du Nord, sind die Zeichen der Zeit wie bei einem Palimpsest überlagert. Die nicht behandelten Ziegelmauern und verputzten Wände in harmonischen Rot-, Ocker- und Grüntönen erzählen die Geschichte des Gebäudes; sie verleihen dem Theaterraum eine Realität und Resonanz, wie es kein Bühnenbild erreichen könnte. Obwohl die Eingriffe beim Majestic wesentlich teurer waren als eine konventionelle Renovierung oder ein Neubau, war mancher nicht zufrieden, dass das Theater nach Abschluss der Arbeiten immer noch wie eine Ruine aussieht. Dennoch waren die Eingriffe radikal; sie betrafen aber weniger das Aussehen als die Gestaltung des Auditoriums selbst. Durch die Verbesserung der räumlichen Beziehung zwischen Bühne und Rängen gelang den Architekten die Umsetzung eines wesentlichen Ziels der Theaterarchitektur: die Schaffung eines homogenen Raums, in dem während einer Aufführung Schauspieler und Zuschauer das Gefühl haben, Teil einer gemeinsamen Welt zu sein.

Standort: *651 Fulton Street, Brooklyn, New York*
Bauherr: *Brooklyn Academy of Music*
Architekten: *Hardy Holzman and Pfeiffer Associates*
Mitarbeiter: *Chloe Obolensky (Theaterfachberatung); Purdy & Henderson (Konstruktion), Piccirillo & Bown (Installation), Jaffe Acoustics Inc. (Akustik)*
Technische Gebäudeplanung: *Integral Construction Co.*
Fertigstellung: *1987*
Fläche: *3 150 m²*
Fassungsvermögen: *900 Plätze*
Kosten: *circa 11 Mill. DM*

Bühnenabgang in den Räumen eines vereinenden Theaters: weil das Auditorium selbst Dekoration ist und der erste Zuschauerrang auf gleicher Höhe liegt wie die Bühne, hat das Publikum das Gefühl, Teil derselben Welt zu sein wie die Schauspieler.

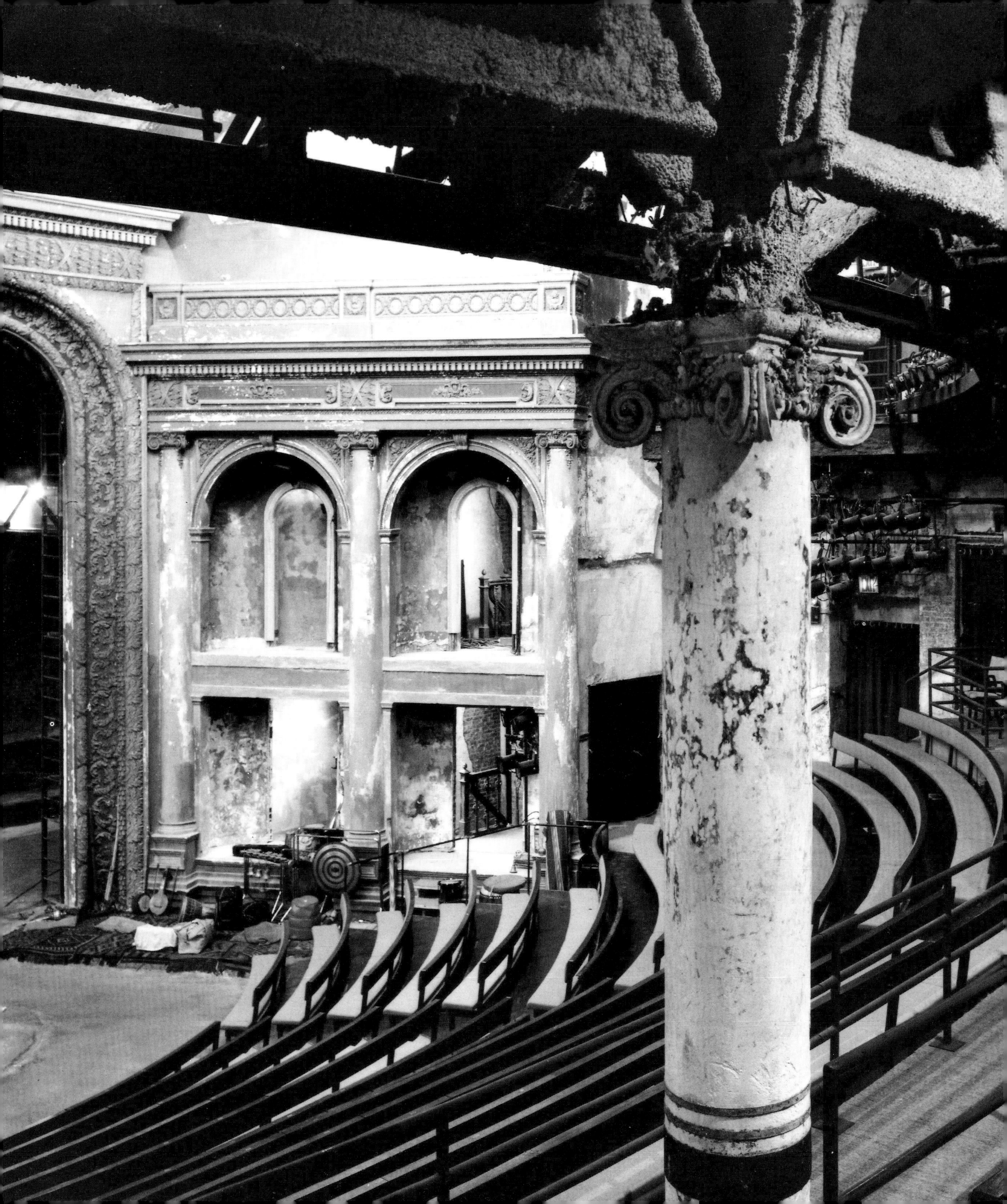

Die erweiterte Bühne

Die ursprüngliche Anordnung des Majestic – mit seinen 1700 Plätzen – illustriert die Entwicklung des „italienischen" Theaters zu einer grösseren frontalen Ausrichtung (die Logen und Balkone der barocken Auditorien wurden im neunzehnten Jahrhundert ersetzt durch auskragende Balkone an der Rückwand).

Das Fassungsvermögen des neuen Auditoriums ist heute auf 900 Plätze reduziert. Um die Trennung zwischen Auditorium und Bühne abzuschwächen, wurde der erste Rang um sechs Reihen verlängert und erreicht nun das Niveau der erhöhten Bühne; der zweite Rang dagegen wurde um vier Reihen gekürzt. Das Hauptproblem war, eine neue Linienführung zu finden, die die neue Bühnenhöhe und gleichzeitig den Neigungswinkel der beibehaltenen Ränge berücksichtigt.

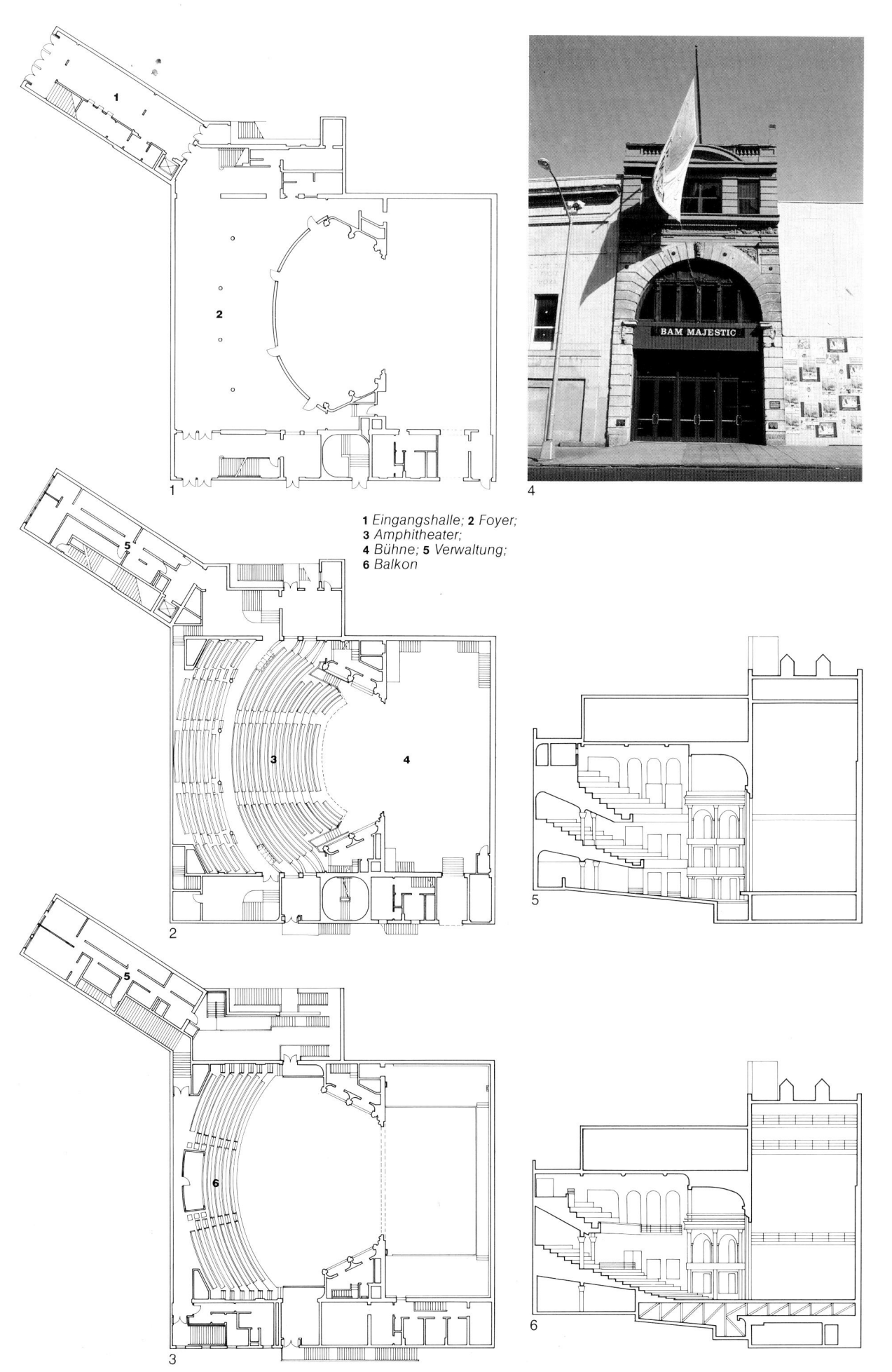

1 Eingangshalle; **2** Foyer; **3** Amphitheater; **4** Bühne; **5** Verwaltung; **6** Balkon

1. Grundriss Erdgeschoss
2. Grundriss Ebene 1
3. Grundriss Ebene 2
4. Theatereingang
5. Längsschnitt, ursprünglicher Zustand
6. Längsschnitt, heutiger Zustand
7. 8. 9. Auditorium heute, während den Renovierungsarbeiten und in ursprünglichem Zustand

FRANKREICH

MARIO BOTTA

ANDRE MALRAUX KULTURZENTRUM
CHAMBERY 1987

Das André Malraux Zentrum ist Teil eines Projekts mit unterschiedlichen Nutzungen – Wohnungen und kulturellen Einrichtungen –, das vom Magistrat auf dem Gelände einer ehemaligen Kaserne in Chambéry-le-Bas, nahe der Altstadt, initiiert wurde. In seiner Funktion unterscheidet es sich von traditionellen Kulturzentren, wie sie André Malraux in den sechziger Jahren errichtet hatte. Hier arbeiten Stadt und Land zusammen: Der Magistrat baut und unterhält das Gebäude, während das Land die drei Vereine subventioniert, die die Einrichtungen mieten und das kulturelle Programm auf die Beine stellen.

Von den alten Gebäuden auf dem Gelände ist nur die Kaserne Curial aus dem frühen neunzehnten Jahrhundert erhaltenswert. An den Ostflügel dieses quadratischen Baus – in dem die kulturellen Aktivitäten untergebracht sind – ist das Theaterauditorium angefügt, während die Wohnhausgruppe im hinteren Teil des Geländes errichtet werden soll. Aber das Theater steht heute alleine auf dem ausgedehnten Grundstück, die Häusergruppe konnte noch nicht realisiert werden. Die vorübergehende Isolation des Theatergebäudes unterstreicht dessen ungewöhnliche Orientierung: Die Anfügung an die historische Kaserne entsprechend den Programmvorgaben erweckt den Eindruck, zu unrecht, es läge in der falschen Richtung. Normalerweise ist die Eingangsfront eines Theaters die sichtbare Seite, an der die symbolträchtigen Merkmale konzentriert sind; weiter hinten ist der Bühnenkasten. In Chambéry ist aber der Theatereingang in den Ostflügel des Karrees integriert. Die Hauptfassade und die Eingangshalle sind unsichtbar geworden – als wenn das alte Gebäude sie aufgesaugt hätte –, das Theater lässt die Maske fallen und zeigt seine Seitenmauern und die Rückseite, die normalerweise diskret versteckt sind. Die imposantesten – und ungehörigen! – Teile des Gebäudes sind deutlich sichtbar. Die Guckkastenbühne (die dunkle geheimnisvolle Box mit den geheimen Mechanismen der Theaterillusion) und die hintere Bühne (von der aus die Requisiten diskret weggefahren werden, wenn die Aufführung vorüber ist), diese beiden unproportionierten Volumen sind in voller Ansicht herausgestellt, in Übereinstimmung mit der Logik der inneren Funktionalität. Botta hat sie aufgegliedert, geformt, ist behutsam mit Mängeln und Kerben umgegangen, hat durch ihre Artikulation den Massstab wieder hergestellt. Er hat uns hier eine beinahe theoretische Vorstellung vom Theater gegeben: Symmetrie, Undurchsichtigkeit, Introversion, Kontrast und Kohärenz der Gebäudeteile sind deutlich und mit grosser Selbstverständlichkeit offen dargelegt.

Standort: Kaserne Curial, 73000 Chambéry
Bauherr: Stadt Chambéry (Neubau); Société d'aménagement de la Savoie (Renovierung)
Architekt: Mario Botta
Mitarbeiter: Urs Kuelling, Misha Groh (Architekten); Higor Hilbert, BETECS (Theaterfachberatung)
Technische Gebäudeplanung: SERETE (Konstruktion, Installation)
Fertigstellung: 1987
Flächen: 6 000 m² (Grundstücksgrösse); 6 500 m² (Neubau); 2 500 m² (renoviertes Gebäude)
Fassungsvermögen: 950 Plätze (Theater); 150 Plätze (Kino)
Kosten: ca. 32 Mill. DM (Gebäude) einschliesslich 10 Mill. DM (Renovierung); 3 Mill. DM (Theatertechnik)

Akustische Einrichtungen für das runde Theater: die an den gekurvten Seitenwänden angeordneten, zum Teil spitz zulaufenden Holzschichten erlauben eine bessere Klangreflexion im Auditorium.

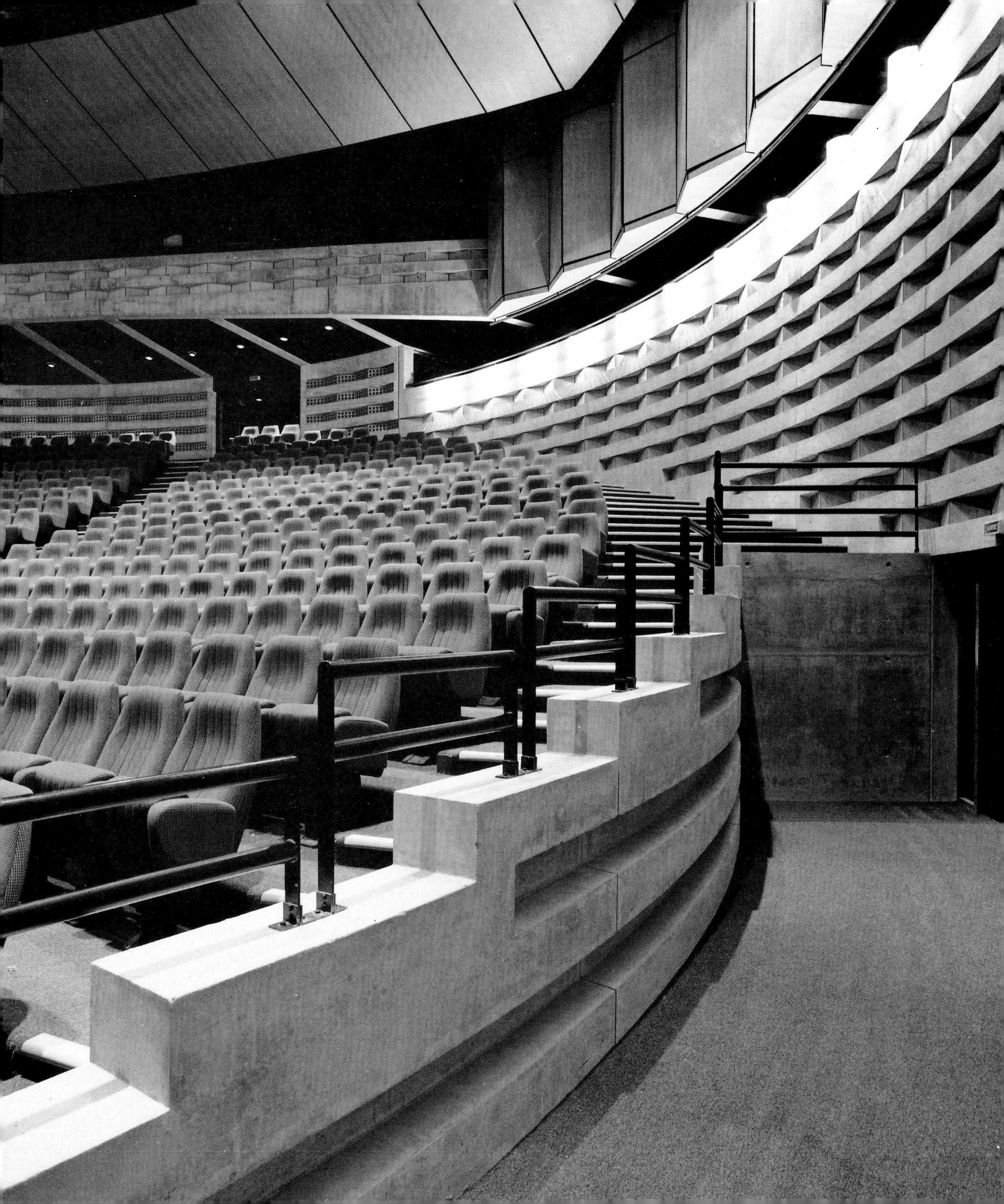

Städtischer Mittelpunkt

Die Wettbewerbsvorgaben situierten das Theater in einer strategischen Position zwischen den bestehenden und den geplanten Gebäuden. In fast buchstabengetreuer Weise hat Mario Botta es zum Mittelpunkt der neuen städtischen Situation gemacht. Das Theater, das in eine vom Kontext unabhängige Hülle eingeschrieben wurde, ist an die Kaserne mit einem Verbindungsglied angebunden, das auf seine wesentlichsten Merkmale reduziert ist: eine Glasgalerie. An diesem Punkt macht das Gebäude eine leichte Drehung und greift die Kurve der Strasse und die Geländeachse auf. Die senkrechte Aussentreppe bringt Stabilität in die Anlage und markiert die Grenze des Platzes, der zwischen dem Theater, der Kaserne und der ehemaligen Gendamerie, die Botta vor dem Abriss bewahrt hatte, entstanden ist.

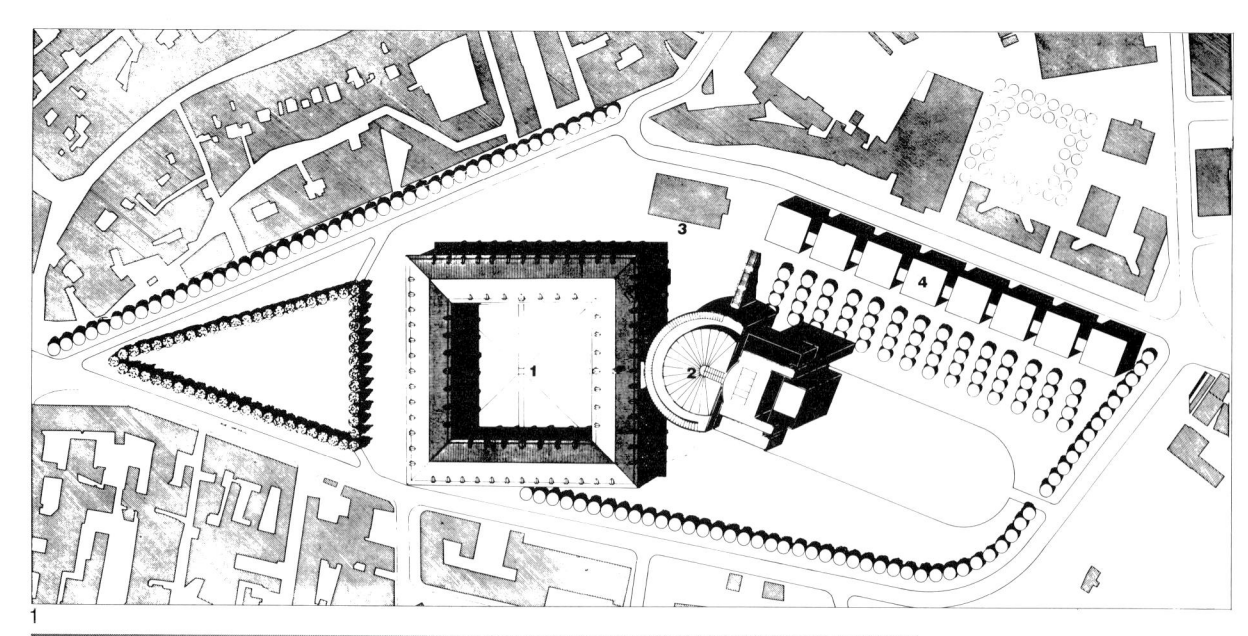

1 *Kaserne Curial;* **2** *Theaterauditorium;* **3** *ehemalige Gendamerie-Baracken;* **4** *Wohnhäuser*

1• *Massenplan*
2• *Südansicht*
3• *Nordansicht. Die Eingangshalle des Theaters im Ostflügel der Kaserne enthält eine Treppen- und Aufzugsanlage, die eigentlich von der bestehenden Gebäudehülle losgelöst ist. Diese Säule bedient die Fussgängerbrücken, die die Glasgalerie kreuzen und zu den Theaterfoyers führen, die rund um das zylinderförmige Auditorium liegen*
4• *Blick auf die Treppen-/Aufzugsanlage von der ersten Fussgängerbrücke*
5• *Die beiden Ebenen der Fussgängerbrücken, die zu den Foyers führen*
6• *Anfang der Treppen-/Aufzugsanlage*

Eine elementare Geometrie

Das André Malraux Kulturzentrum umfasst zwei Gebäude: den Ostflügel der ehemaligen Kaserne (Haupteingangshalle, kulturelle Aktivitäten, Büros) und das neue, in zwei Bereiche gegliederte Theater (öffentliche und Produktionsbereiche). Beide Teile, umgeben von ihren Nebenräumen, sind in eine ausgesprochen einfache geometrische Form eingeschrieben: zum einen das Auditorium des Amphitheaters und das Kino in einen Zylinder, umgeben vom Ring der Foyers; zum anderen die Bühne in ein Parallelepiped, flankiert von den Künstlergarderoben, Lager- und Probenräumen.
Die strenge Symmetrie des Theaters wird nur am Rand des Zylinders von den flexibleren Foyerräumen unterbrochen.

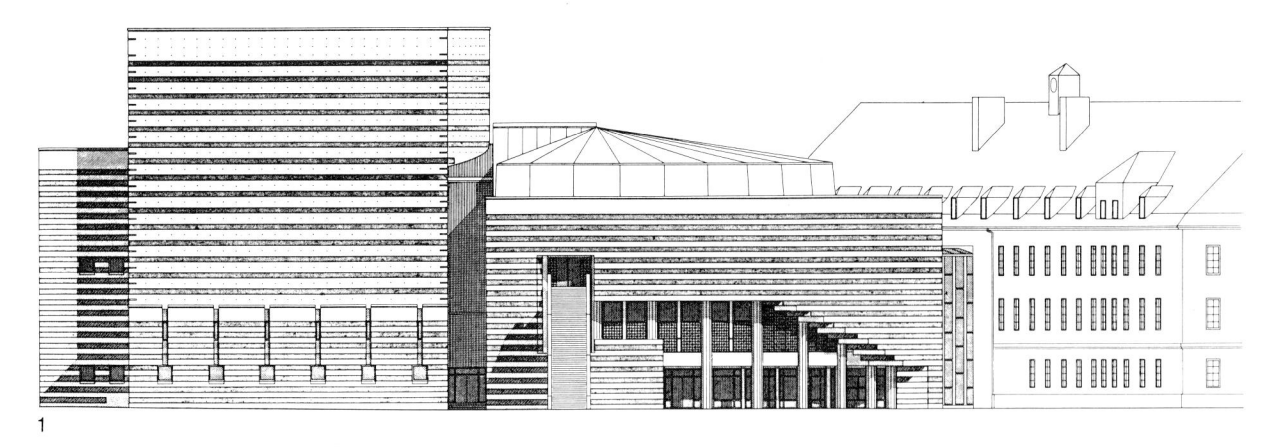

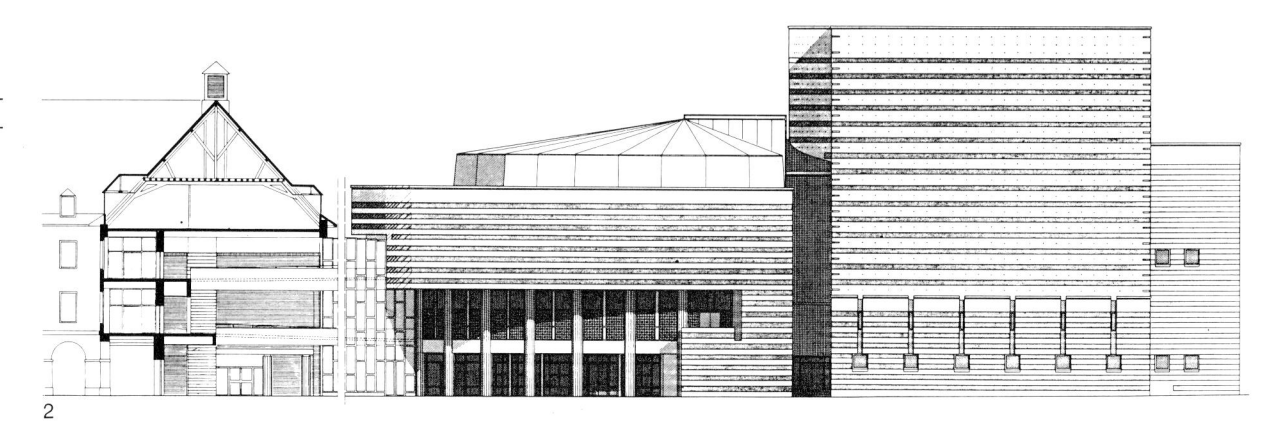

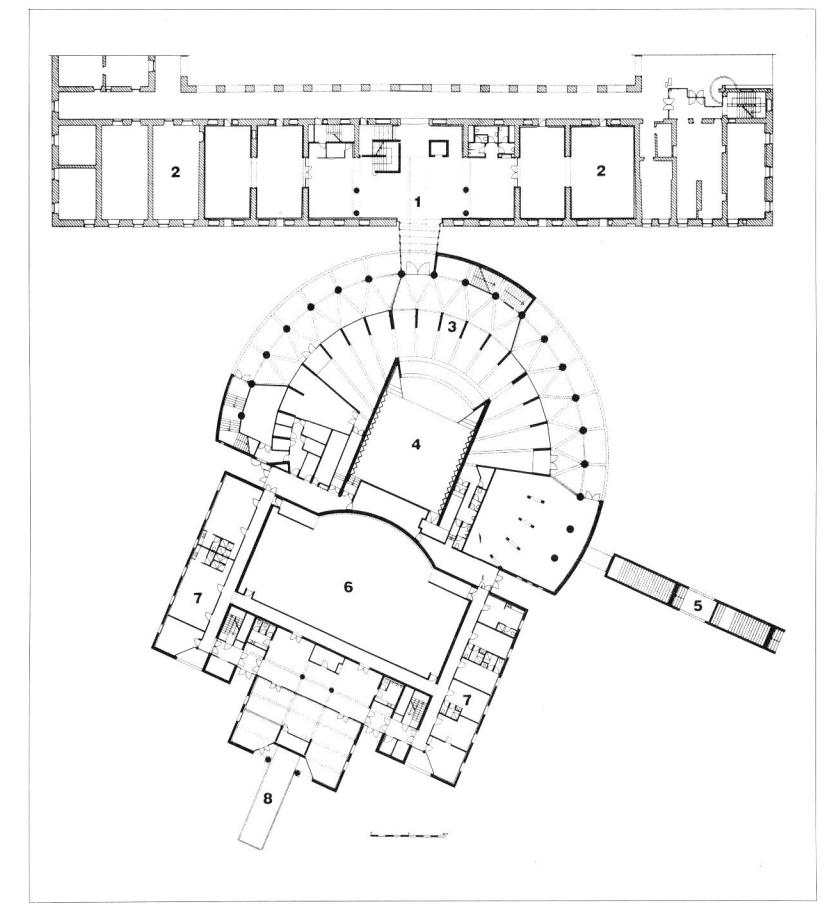

1 *Haupteingangshalle;* **2** *Ausstellungsräume;* **3** *Eingangshalle und Foyer zum Kino;* **4** *Kinoauditorium;* **5** *Nottreppe;* **6** *Unterbühne;* **7** *Künstlergarderoben;* **8** *Lieferaufzug;* **9** *Büros;* **10** *unteres Theaterfoyer;* **11** *Kinofoyer, Dachöffnung;* **12** *Bühne;* **13** *Hinterbühne;* **14** *oberes Theaterfoyer;* **15** *unteres Foyer, Dachöffnung;* **16** *Amphitheater;* **17** *Probenraum;* **18** *Regie*

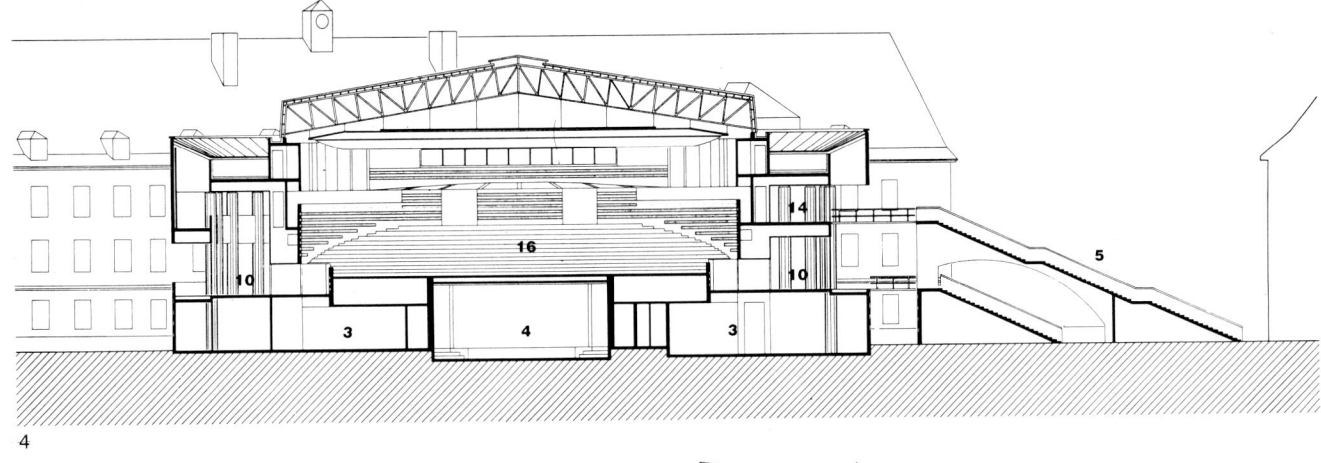

1. Nordansicht
2. Südansicht und Querschnitt durch die Eingangshalle im Ostflügel der Kaserne Curial
3. Grundriss Erdgeschoss
4. Querschnitt
5. Längsschnitt
6. Grundriss Ebene 1
7. Grundriss Ebene 2

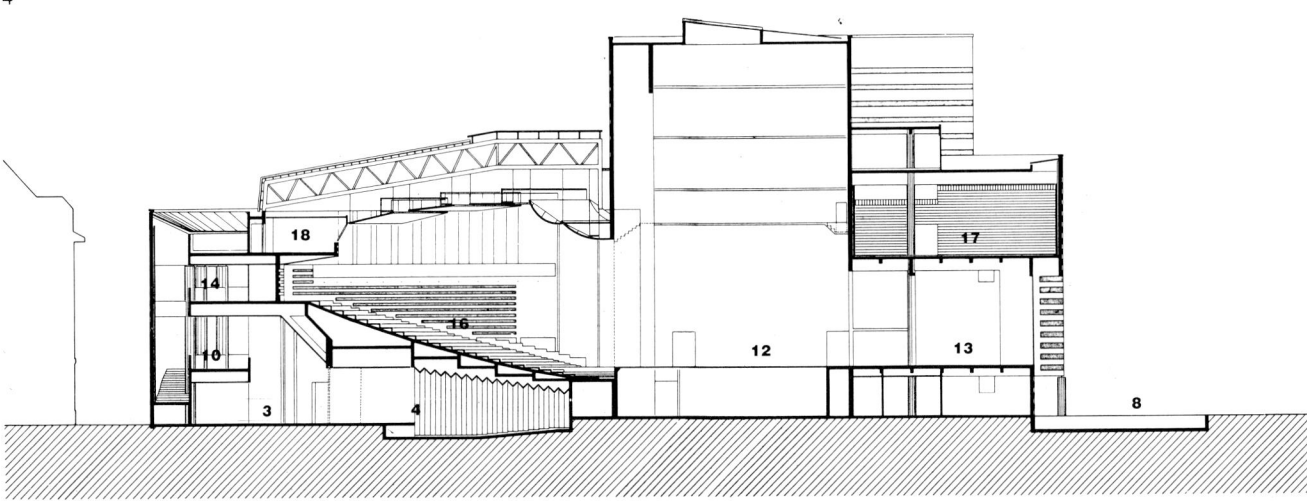

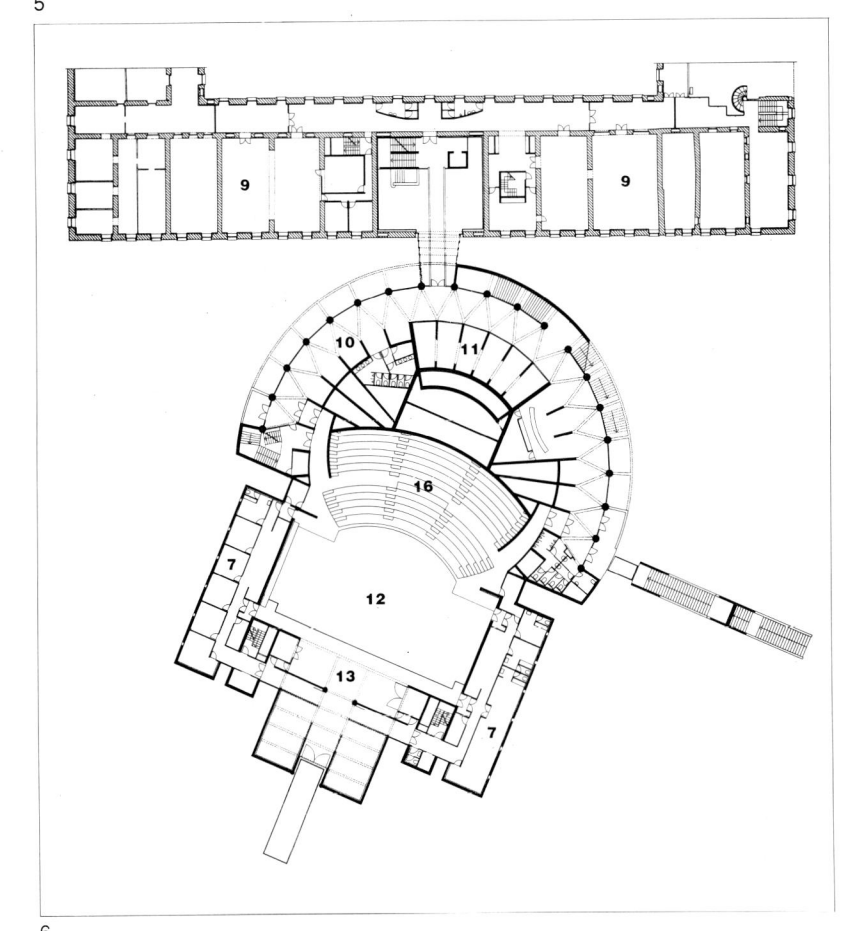

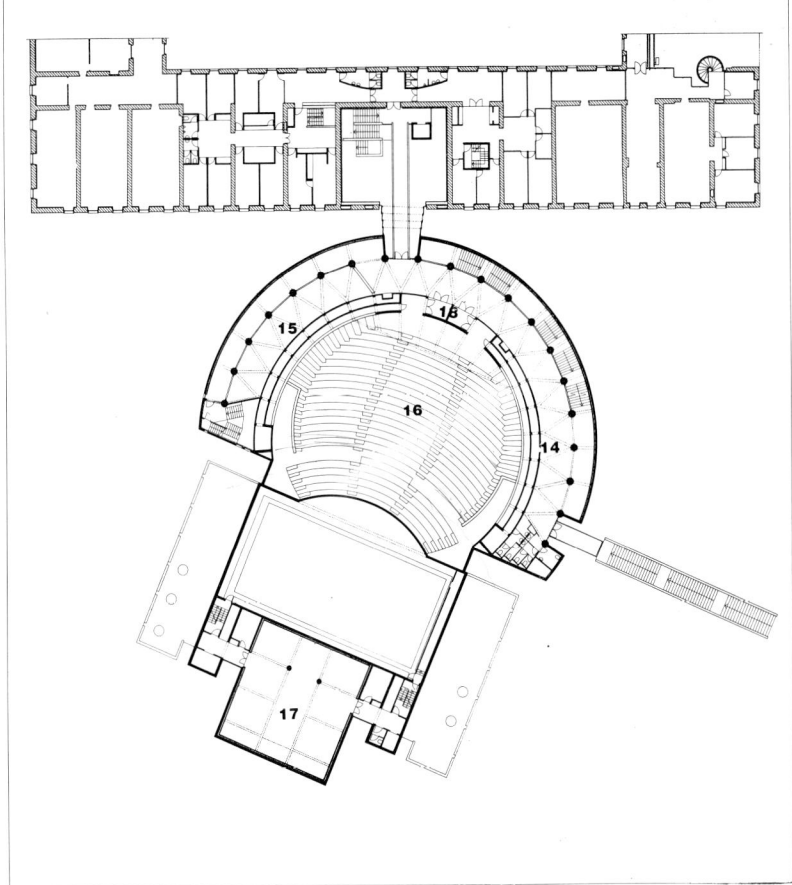

Ein konzentrisches System

Die Theaterfoyers sind ringförmig angelegt: Verbindungswege, Öffnungen, Wandelgänge, Kolonnade und Seitentreppe formen versetzt angeordnete konzentrische Ringe, die an der Aussenwand enden, die, von den Stützen losgelöst, Tageslicht einfallen lässt.

Das Auditorium ist ein festes Amphitheater mit einer Proszeniumszone, die in einen Orchestergraben verwandelt werden kann. Sie ist begrenzt von einer schmalen Technikgalerie – die einen langen horizontalen Spalt in die gekurvte Wand einzeichnet und auch zur Schallabsorbierung dient. Im unteren Teil dieser Betonfläche sind rillenförmige Schichten angebracht (perforiertes Holz über absorbierenden Rockwool-Bahnen für die Rückwand, feuerfeste, reflektierende Furniere an den Seitenwänden); im oberen Teil ist sie mit verstellbaren Akustikpaneelen verkleidet.

1● *Erstes Foyer und Treppe zum zweiten Foyer*
2● *Links die zentrale Öffnung zur Eingangshalle des Kinos im Erdgeschoss*
3● *Der grosse leere Raum zwischen den beiden Foyerebenen*
4● 5● *Auditorium*
6● *Längsperspektivschnitt*

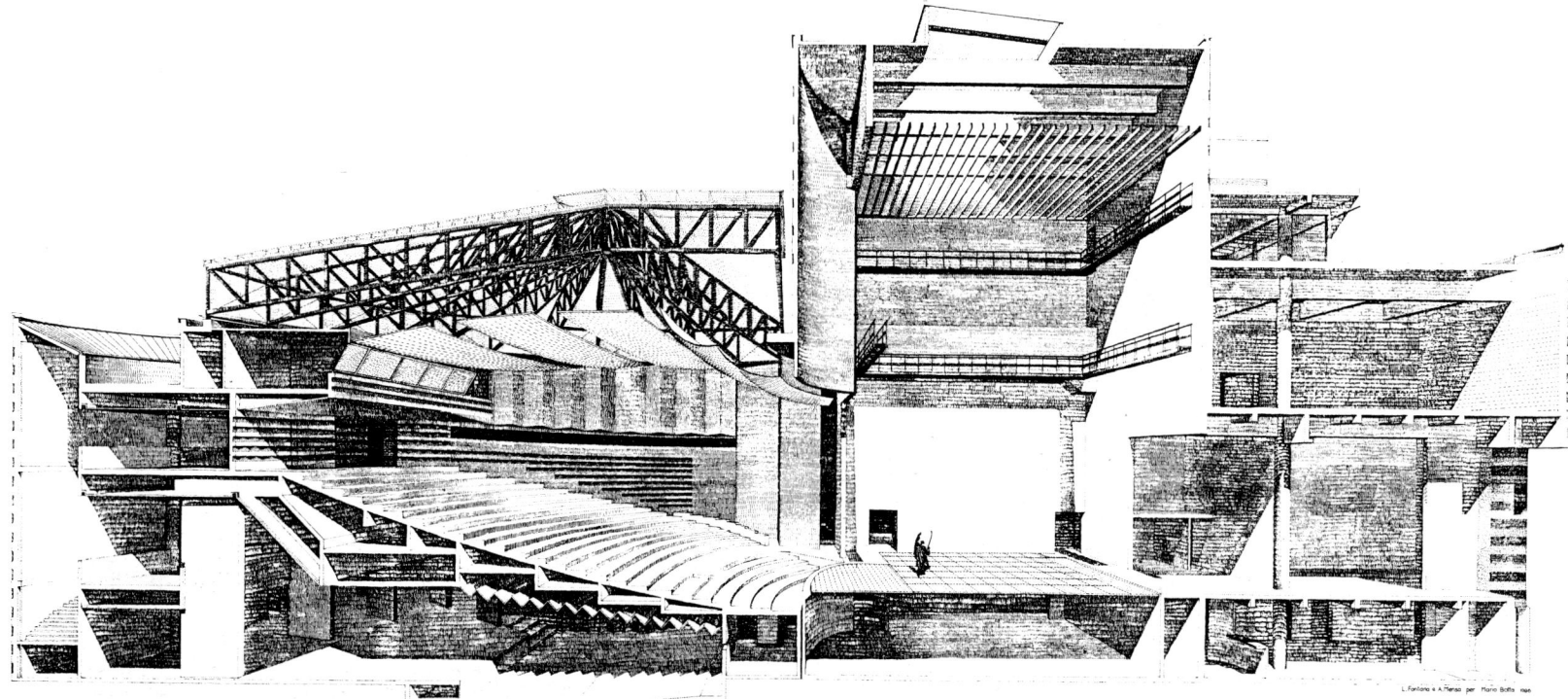

JAPAN

ARATA ISOZAKI and ASSOCIATES

TOGA SANBO
TOYAMA 1982

Die Stadt Toga in der Provinz Toyoma veranstaltet alle zwei Jahre ein internationales Festival, das vom japanischen Zentrum für Dramatische Kunst organisiert wird. Ausserhalb der Festspielzeit lädt das Zentrum internationale Theaterensembles zu Proben und Aufführungen in den verschiedenen Theaterräumen ein, die Arata Isozaki, über den Hügelhang oberhalb des Flusses Momose verstreut, entworfen hat.

Das erste Gebäude – das Toga Sanbo Theater – ist ein altes traditionelles Landhaus, gasshozukuri, das für die SCOT Truppe von Tadashi Suzuki umgenutzt wurde. Dieser Regisseur wollte eine Bühne haben, auf der die Schauspieler verschiedene Theatergenre aufführen können: no (die früheste Form japanischen Theaters), kyogen (komödiantische Zwischenspiele) und griechische Tragödien.

Das Landhaus, mit seinem aus dem neunzehnten Jahrhundert stammenden Fachwerk, ist in Besitz der Stadt, die es erhalten wollte. Ohne die bestehende Konstruktion zu ändern, richtete Isozaki ein minimalistisches Theater ein, das aus einer Bühne (eingerahmt von vier Pfosten und mit Aluminiumplatten bedeckt), einer Hinterbühne (unterteilt durch shoji, gleitende Trennwände) und Rängen (die im Rhythmus der Konstruktion unregelmässig geneigt sind) besteht.

Diagonal neben dem Toga Sanbo liegt an der Böschung ein kleiner Eingangspavillon. Mehr als die Hälfte seiner Fläche nehmen Stufen ein, die den Höhenunterschied zwischen Eingangspavillon und Theater ausgleichen.

Ausser als Eingangshalle und Foyer kann dieser Pavillon auch für kleine Inszenierungen genutzt werden; die Stufen dienen dann als Auditorium. Eine zentrale Plattform ist von vier Pfosten begrenzt, die die Dachkonstruktion tragen, und gleichzeitig an die kleinen Türmchen erinnern, die man früher neben Theatern errichtete zur Demonstration der Regierungsmacht.

Unterhalb von Toga Sanbo liegt am Hang des Hügels ein Freiluft-Amphitheater. Wie bei den griechischen Theatern folgen die halbkreisförmig angeordneten Ränge der Neigung des Geländes; die traditionelle Wand wurde jedoch weggelassen, so dass die Bühne den Blick auf den Teich und den Hügel im Hintergrund freigibt. Mit diesem weiten Blickfeld greift das Theater eine Technik aus der japanischen Gartenbaukunst auf, das shakkei oder „geborgte Landschaft".

Standort: *Toga-mura Higashi-Tonami-Gun, Toyama*
Bauherr: *Suzuki Company of Toga*
Architekten: *Arata Isozaki & Associates*
Mitarbeiter: *So Architectural Design Office, und Shuichi Fujie, Tadashi Murai, Kenji Sato*
Technische Gebäudeplanung: *Inoue (Konstruktion), Soei (Installation)*
Fertigstellung: *1982*
Flächen: *299 m² (Toga Sanbo), 81 m² (Pavillon), 621 m„ (Freilufttheater)*
Fassungsvermögen: *600 Plätze (Freilufttheater)*

Pavillons und Amphitheater zur Aufführung von griechischen Tragödien und japanischen No-Dramen liegen terrassenförmig am Ufer des Sees.

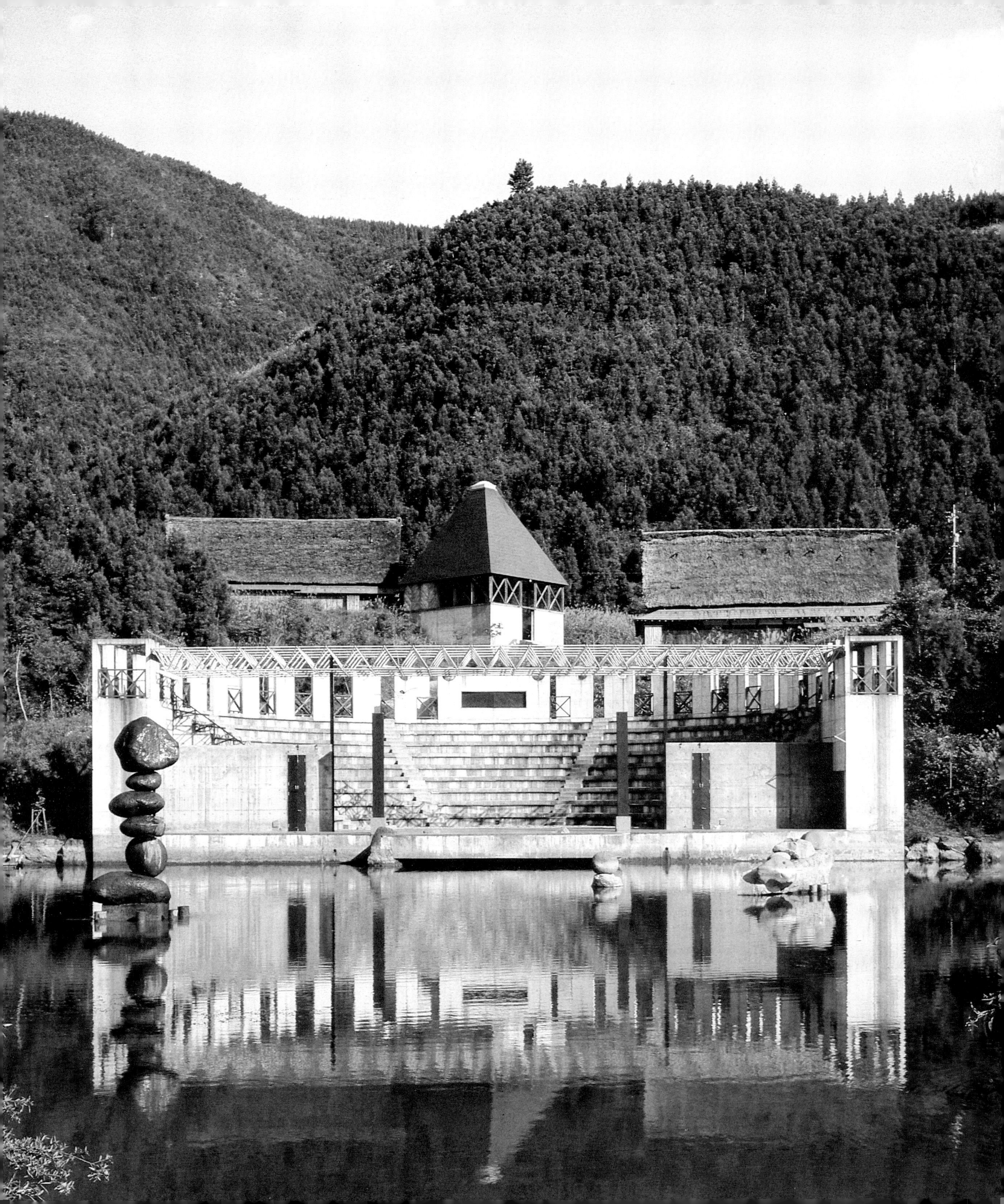

Minimalbühne

Jeder der drei Theaterbereiche – Bühne, Eingangspavillon und Freiluft-Amphitheater – haben eine „minimale" Bühnenzone.

1 Toga Sanbo Theater; **2** Eingangspavillon; **3** Schlafsäle; **4** Freilufttheater; **5** Teich; **6** Bibliothek, Workshop

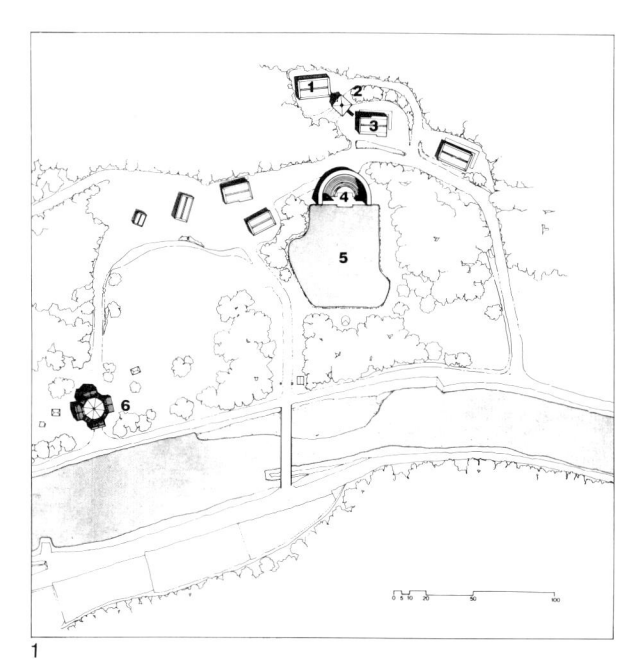

1● Lageplan
2● Eingangspavillon vor dem Toga Sanbo
3● 4● Toga Sanbo, innen
5● 6● Grundriss und Schnitt des Toga Sanbo Theaters und des Pavillons
7● 8● Schnitt und Grundriss des Freilufttheaters
9● Eingangspavillon, innen
10● Freiluft-Amphitheater

1 Ränge; **2** Bühne;
3 Künstlergarderoben;
4 Büro; **5** Regie;
6 Eingangspavillon

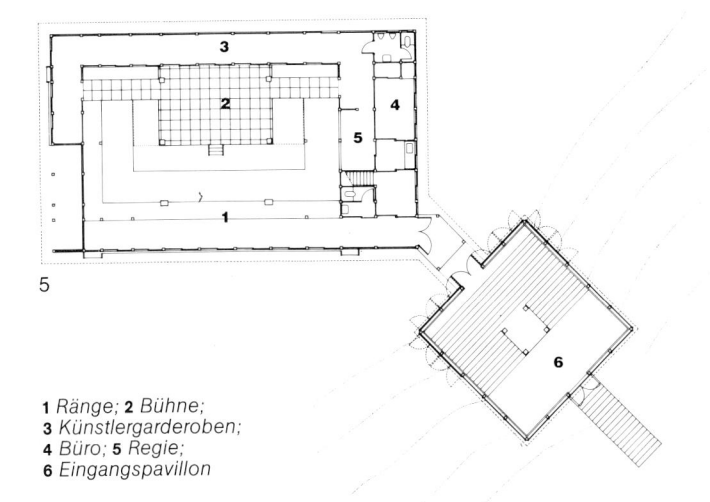

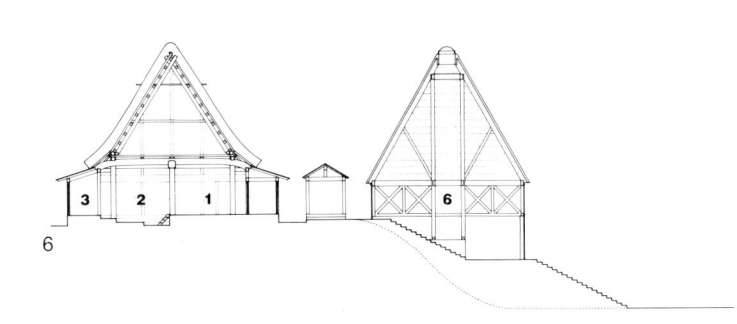

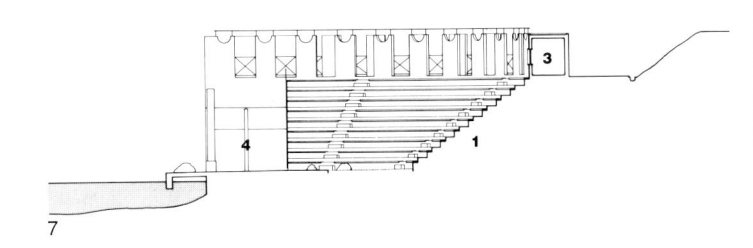

1 Ränge; **2** Wandelgang;
3 Regie; **4** Bühne

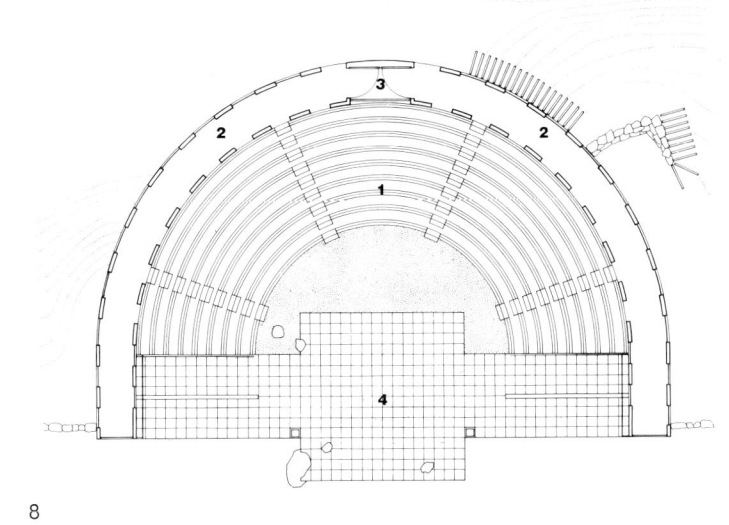

USA

LOUIS I. KAHN

THEATER OF DRAMATIC ART
FORT WAYNE 1973

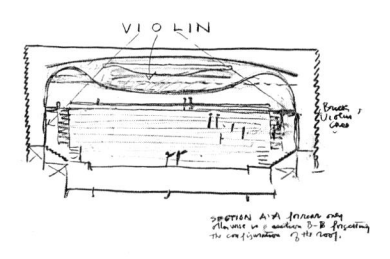

Bei seinem Theater in Fort Wayne beschwört Louis Kahn die Vorstellung von einer Violine in ihrem Kasten herauf. Obwohl dieses Thema besonders gut auf die Architektur eines Theaters übertragbar ist, ist es für Kahn doch auch die Umsetzung einer mehr generellen Idee, die er auf unterschiedliche Weise in allen seinen Projekten verfolgt hat: Zwischen dem Innern eines Gebäudes und seiner Umgebung soll ein Zwischenraum sein, nicht bloss eine Mauer zum Durchschreiten, sondern ein wirklicher Raum, durch den man hindurchgeht. In diesem Zwischenraum – wo sich zwei Welten nähern und gegenüber stehen –, ist die räumliche Kontinuität zwischen Innen und Aussen eines Gebäudes realisiert.

Kahn manifestiert diese zwei Realitäten mittels unterschiedlicher konstruktiver Ordnungen: Mauerwerk (das Flache der Wand) und Beton (die Plastizität der Hülle). Das Mauerwerk – der Violinenkasten – ist die Wand, die auf die städtischen Gegebenheiten antwortet, während die Betonhülle – die Violine – die Wand ist, die den Forderungen des Theaterbetriebs gerecht wird. Zwischen diesen beiden Wänden hat Kahn eine Distanz eingeführt und einen reversiblen Raum situiert – das Foyer –, der Innen und Aussen des Theaters ist, wo man gleichzeitig der Gegenwart und den Eigenschaften des Auditoriums wie auch des städtischen Kontexts gewahr wird. In traditionellen Theatern, in denen das Auditorium ebenfalls von Foyers umgeben ist, ist die räumliche Entwicklung als eine Reihe aufeinanderfolgender Räume angelegt, die einen Ausgangs- und Endpunkt haben. Im Gegensatz dazu entfaltet sich die Entwicklung hier in einem kontinuierlichen Raum, der ständig einen globalen Eindruck vom Gebäude vermittelt.

In Fort Wayne bringt das Theater seinen Zweck nicht in Form eines Symbolismus zum Ausdruck. Obwohl manche Leute glauben, in den Fassadenöffnungen eine Schauspielermaske erkennen zu können, sind aus Kahns Sicht die Bögen in der Fassade weder Formen noch Motive, sondern Ausdruck der konstruktiven Ordnung des Mauerwerks. Obwohl das Gebäude seine Funktion nicht offenbart, gibt es uns trotzdem die Vorstellung einer räumlichen Hierarchie: das Innere ist abgehoben von seiner Umgebung. Die aufeinanderfolgenden Hüllen des Theaters geben zu verstehen, dass der zentrale Raum am Ende weder selbstverständlich noch obligatorisch ist, sondern ein Ort, zu dem wir uns entschieden haben hinzugehen und der Fragen offenlässt. Von aussen gibt das Gebäude seinen Zweck nicht zu erkennen, der einzige Weg es herauszufinden, ist das Gebäude zu betreten und die angebotenen Erfahrungen aufzugreifen. Die Welt des Innenraums wird schliesslich denen offenbart werden, die im Auditorium Platz nehmen und sich vom Theater entführen lassen.

Standort: 303, East Main Street, Fort Wayne, Indiana 46802
Bauherr: Fort Wayne Fine Art Foundation
Architekt: Louis I. Kahn
Mitarbeiter: T. Richard Soaff (Ass. Architekt), George C. Izenour Associates (Theaterfachberatung), Fred S. Dubin Associates (Installation), Dubin-Mindel-Bloome Associates (Bühnenbeleuchtung), Dr. Syril M. Harris (Akustik)
Fertigstellung: 1973
Geschossfläche: 6 300 m²
Fassungsvermögen: 669 Plätze
Kosten: ca. 10.3 Mill. DM (Gebäude), ca. 70.000 DM (Betriebskosten)

Ziegelstein und Beton für eine „Violine in ihrem Kasten": die Treppe im Foyer führt zu den seitlichen Wandelgängen und zum Auditorium.

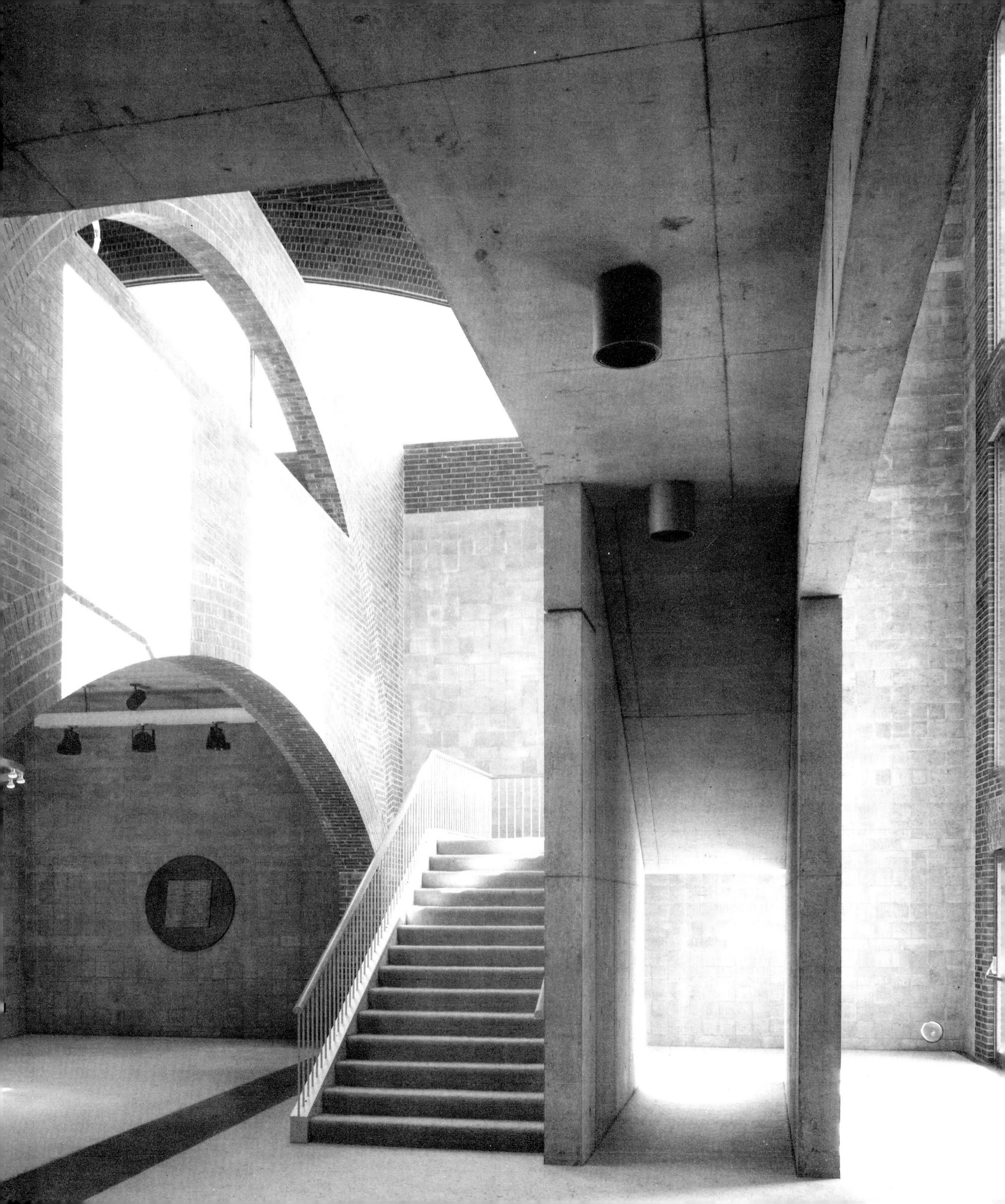

Aussen ist Innen

Das Theater war ursprünglich als Teil eines umfangreichen Kulturkomplexes geplant, der zwei Blocks im Schachbrettmuster der Stadt einnehmen sollte. In der von Kahn vorgeschlagenen Bebauung hingen die verschiedenen Gebäude zusammen und jedes war „verantwortlich" für die anderen, ihre Fassaden bildeten den gemeinsamen Aussenraum, die Plätze oder Gärten. Schliesslich wurde nur das Theater realisiert, obwohl es nicht als ein Einzelobjekt geplant worden war. Die Teile des Theaters sind logisch angeordnet: zu beiden Seiten der Bühne, von einer längslaufenden Technikbrücke bedient; vorne sind die öffentlichen Bereiche und hinten, in Kahns Worten, das „Haus für die Schauspieler".

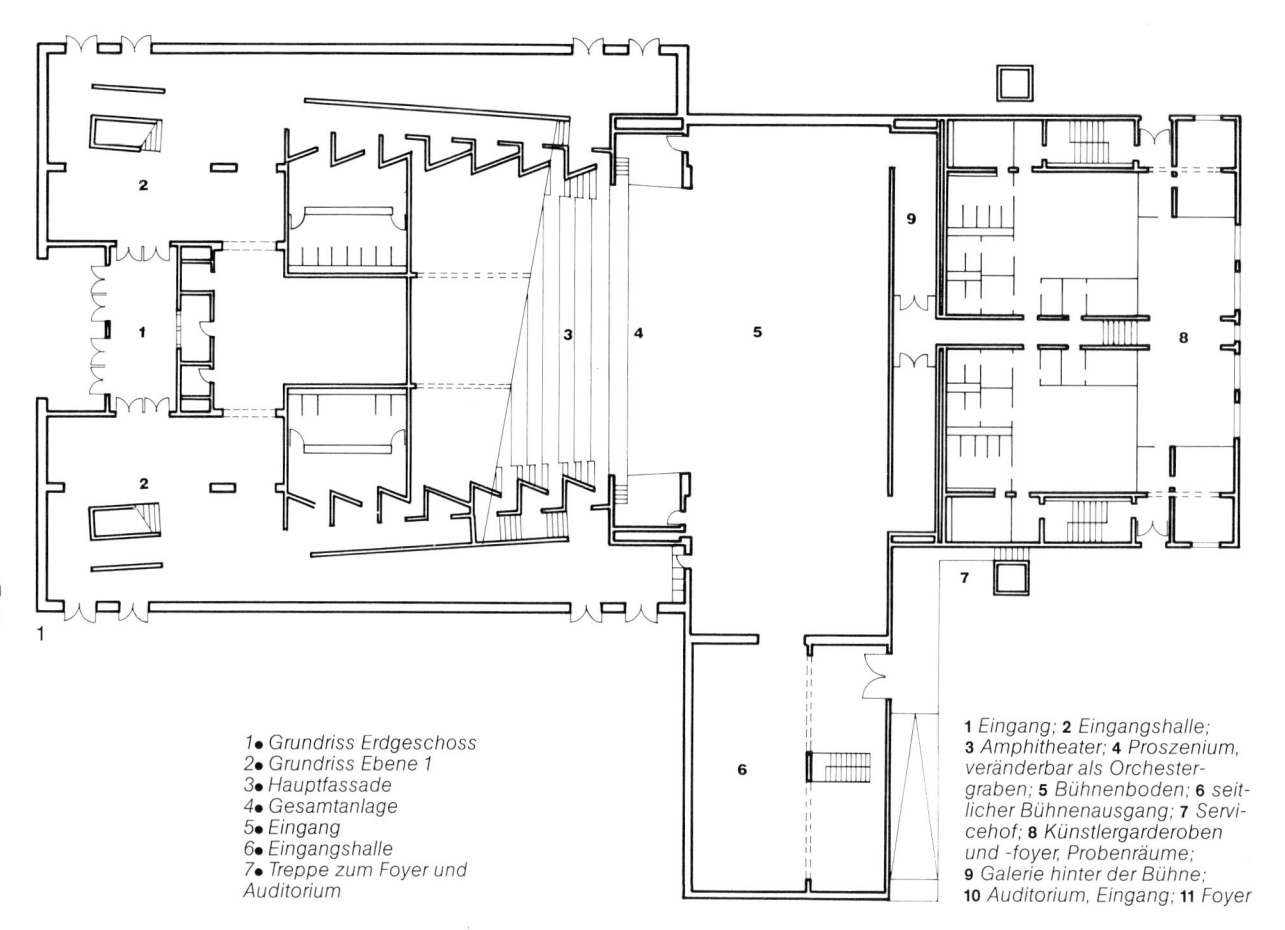

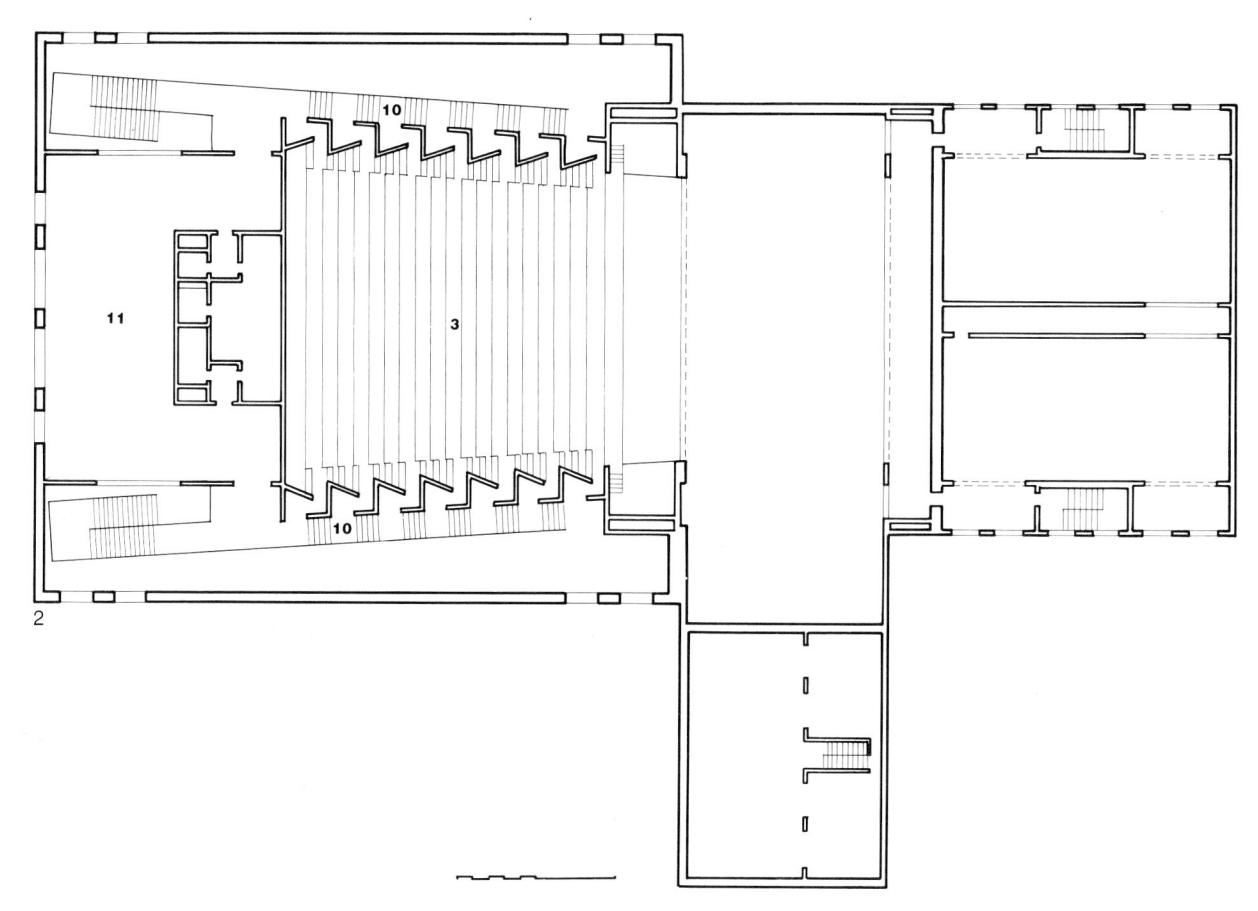

1● *Grundriss Erdgeschoss*
2● *Grundriss Ebene 1*
3● *Hauptfassade*
4● *Gesamtanlage*
5● *Eingang*
6● *Eingangshalle*
7● *Treppe zum Foyer und Auditorium*

1 *Eingang;* **2** *Eingangshalle;* **3** *Amphitheater;* **4** *Proszenium, veränderbar als Orchestergraben;* **5** *Bühnenboden;* **6** *seitlicher Bühnenausgang;* **7** *Servicehof;* **8** *Künstlergarderoben und -foyer, Probenräume;* **9** *Galerie hinter der Bühne;* **10** *Auditorium, Eingang;* **11** *Foyer*

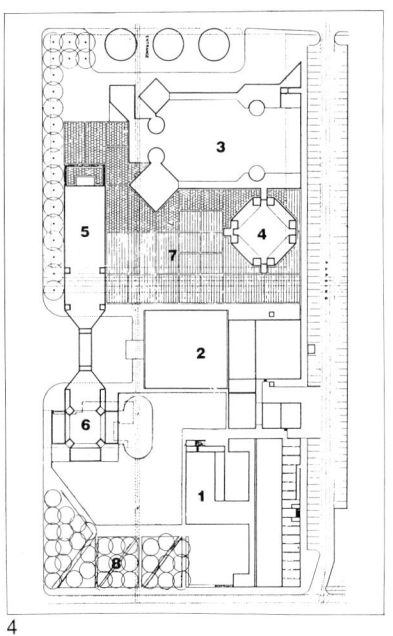

1 Kunstschule; **2** Theater;
3 Konzerthalle; **4** Nebengebäude des Auditoriums;
5 Kunstgalerie; **6** Verwaltung;
7 zentraler Hof; **8** Garten

Die Violine in ihrem Kasten

Die Hülle des Auditoriums – Wände und Decke – ist aus Beton; weil er gegossen ist, kann der Baustoff eine gefaltete oder geschmeidig geformte Oberfläche annehmen wie das Holz einer Violine. Aus einigen Blickwinkeln scheinen die massiven Wände so durchlässig zu sein wie eine Kolonnade. Die begehbaren Trägerbrücken erfüllen eine ganze Reihe von Aufgaben: Konstruktion, Decke, Beleuchtungsbrücken und Belüftungssystem. Die Bühnenrückwand ist von einigen Öffnungen zur Galerie hin durchbrochen, die mit dem „Haus der Schauspieler" verbunden ist, mit den Garderoben- und Probenräumen.

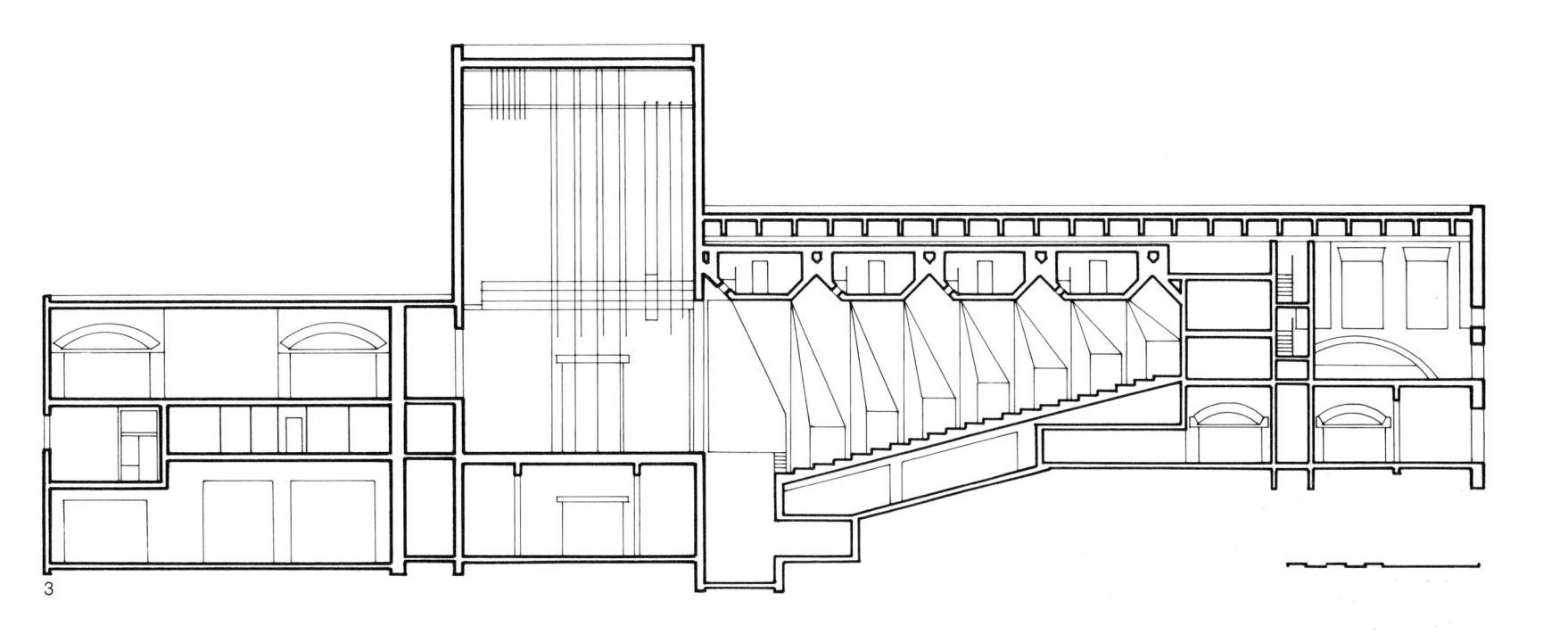

1. Wand des Auditoriums vom seitlichen Wandelgang aus gesehen
2. Wand des Auditoriums von innen
3. Längsschnitt
4. Auditorium und Bühne

ÜBERSICHT

FABRE/PERROTTET/CATTANI

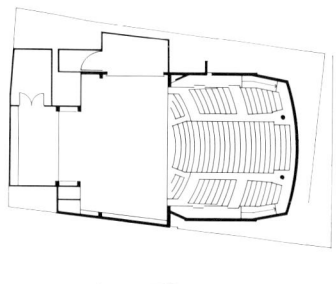

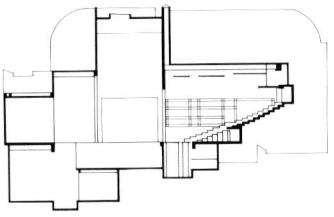

ANDO

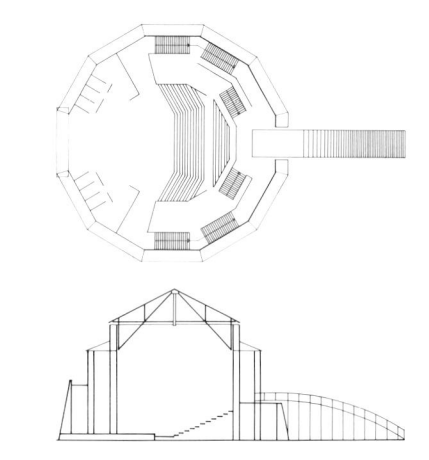

NATALINI

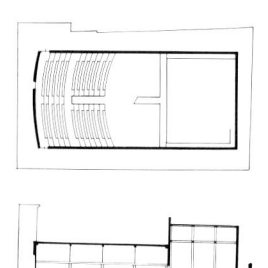

KOOLHAAS

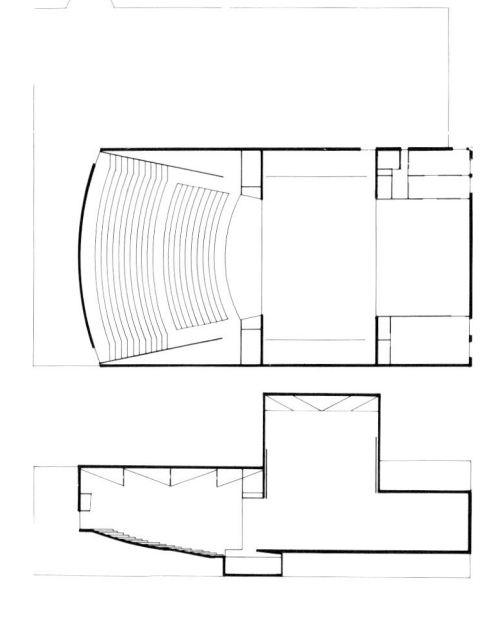

ARCHITECTURE BUREAU

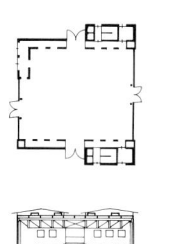

SAWADE

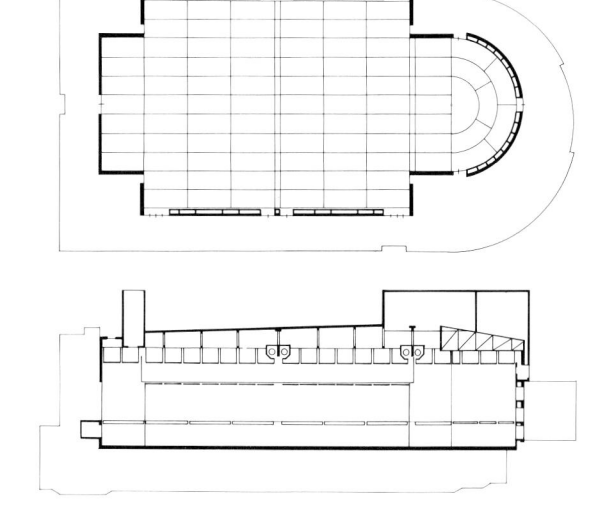

BOUCHAIN/HARARI

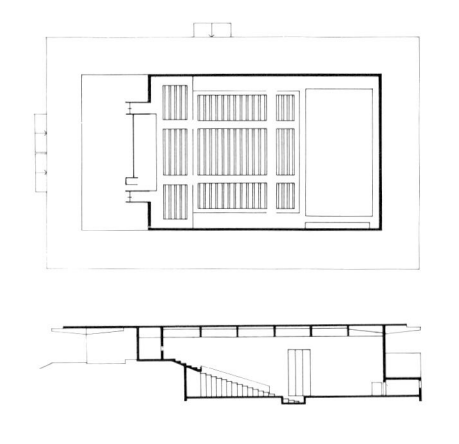

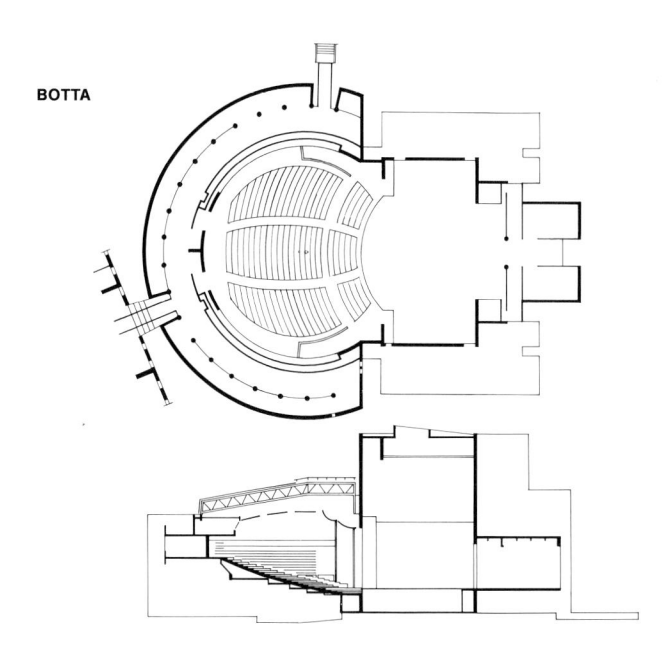

BOTTA

AALTO

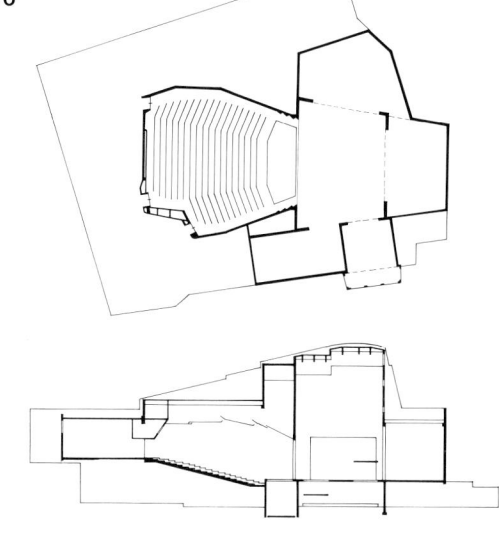

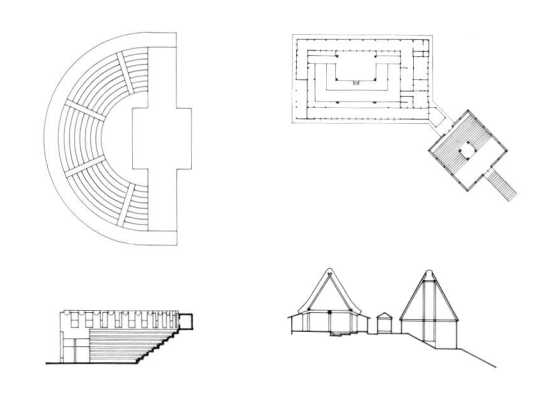

ISOZAKI

HARDY/HOLZMAN/PFEIFFER

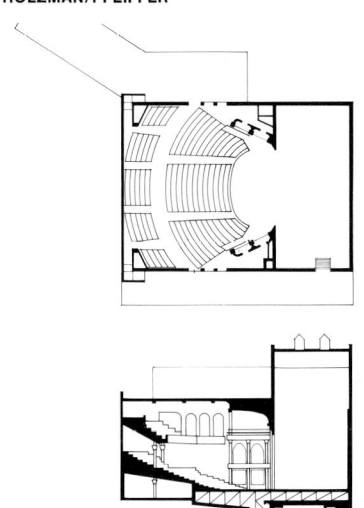

KAHN

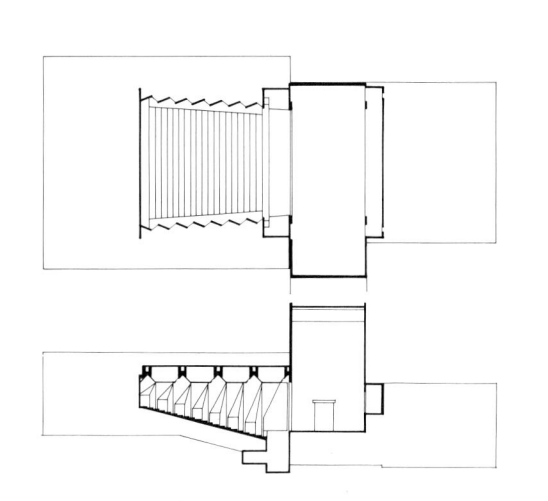

THEATRE NATIONAL DE LA COLLINE
1988
Paris
Frankreich
Fabre, Perrottet & Cattani,
Architekten
Noel Napo, Theaterfachberatung
Programm: Nationaltheater
Gesamtfläche: 7 000 m^2
Fassungsvermögen: 770 Plätze

AUDITORIUM
Typ: frontal, semiflexibel
Anordnung: Amphitheater und Galerien
Flächen: 484 m^2
Länge (max.): 21,5 m
Breite (max.): 22,5 m
Höhe (max.): 10 m
Höhendifferenz: 6 m
Anzahl der Reihen: 23
(incl. 10 einfahrbare)

BÜHNE
Typ: Guckkastenbühne
Fläche: 322 m^2 + 144 m^2
Tiefe: 14 m + 12 m
Breite: 23 m + 7 m
Höhe des Schnürbodens: 9 m
Höhe Unterbühne: 4 m
Breite Bühnenrahmen: 8 m
Proszenium: (4,5 m breit)

KARA-ZA
1987
Tokyo
Japan
Tadao Ando, Architekt
Programm: demontierbares Theater
Gesamtfläche: 601 m^2
Fassungsvermögen: 450 Plätze

AUDITORIUM
Typ: frontal, starr
Anordnung: polygonale Ränge und Wandelgang
Fläche: 350 m^2
Länge (max.): 12 m
Breite: 19 m
Höhe (max.): 18 m
Höhendifferenz: 4,5 m
Anzahl der Reihen: 14

BÜHNE
Typ: offene Bühne
Fläche: 157 m^2
Tiefe: 17 m
Breite: 15 m
Kein Schnürboden, keine Unterbühne, kein Portal

TEATRO DELLA COMPAGNIA
1987
Florence
Italien
Adolfo Natalini, Architekt
Programm: Regionaltheater
Fassungsvermögen: 500 Plätze

AUDITORIUM
Typ: frontal, starr
Anordnung: Ränge und Logen
Fläche: 315 m^2
Länge (max.): 21,5 m
Breite (max.): 14,5 m
Höhe (max.): 11 m
Höhendifferenz: 4,5 m
Anzahl der Reihen: 21

BÜHNE
Typ: Guckkastenbühne
Fläche: 175 m^2
Tiefe: 12 m + 2 m
Breite: 14,5 m + 4 m + 1,5 m
Höhe des Schnürbodens: 4 m
Keine Unterbühne
Portalbreite: 11 m
Portalhöhe: 7 m
Kein Proszenium

DANS THEATER
1987
Den Haag
Niederlande
Rem Koolhaas, Architekt
Programm: Ballett
Fassungsvermögen: 1 000 Plätze

AUDITORIUM
Typ: frontal, starr
Anordnung: Amphitheater
Fläche: 570 m^2
Länge (max.): 20 m
Breite (max.): 28,5 m
Höhe (max.): 12 m
Höhendifferenz: 3,5 m
Anzahl der Reihen: 20

BÜHNE
Typ: Guckkastenbühne
Fläche: 630 m^2
Tiefe: 15 m + 13 m
Breite: 29 m
Höhe des Schnürbodens: 12 m
Keine Unterbühne
Portalbreite: 15 m
Portalhöhe: 7 m
Proszenium: starr, 5 m breiter
Orchestergraben

HALF MOON THEATRE
1984
London
England
Architecture Bureau
Architekten
Carr & Angier, Theaterfachplanung
Programm: Nachbarschaftstheater
Gesamtfläche: 930 m^2
Fassungsvermögen: 450 Plätze
durchschnittlich

AUDITORIUM
Typ: variabel
Anordnung: variabel mit Galerien
Fläche: 285 m^2
Länge (max.): 19 m
Breite (max.): 15 m
Höhe (max.): 9 m
Höhendifferenz: variabel
Anzahl der Reihen: variabel

BÜHNE
Typ: nicht vorgegeben
Kein Schnürboden, keine Unterbühne, kein Portal

SCHAUBÜHNE
1981
Berlin
Bundesrepublik Deutschland
Jürgen Sawade, Architekt
Klaus Wever, Theaterfachberatung
Programm: Theater für ein Ensemble
Fassungsvermögen: variabel
(2 000 Plätze max.)

AUDITORIUM
Typ: völlig flexibel
Anordnung: variabel
Fläche: 2 025 m^2
Länge (max.): 65 m
Breite (max.): 33 m
Höhe (max.): 13 m
Höhendifferenz: 4 m max.
Anzahl der Reihen: variabel

BÜHNE
Typ: Totalbühne

SALLE JACQUES BREL
1989
Champs-sur-Marne
Frankreich
Bouchain et Harari, Architekten
Noel Napo, Theaterfachberatung
Programm: Gemeinschaftseinrichtung
Gesamtfläche: 1 785 m²
Fassungsvermögen: 710 Plätze

AUDITORIUM
Typ: Mehrzweckauditorium
Anordnung: frontale Ränge
Fläche: 576 m²
Länge (max.): 24 m
Breite (max.): 24 m
Höhe (max.): 9 m
Höhendifferenz: 6 m
Anzahl der Reihen: 21
(einschl. 16 einfahrbar)

BÜHNE
Typ: integriert
Fläche: 288 m²
Tiefe: 12 m
Breite: 24 m
Kein Schnürboden, keine Unterbühne, kein Portal
Proszenium: veränderbar (Breite 3 m)

CENTRE CULTUREL ANDRE MALRAUX
1987
Chambéry
Frankreich
Mario Botta, Architekt
Igor Hilbert, Theaterfachberatung
Programm: städtisches Zentrum
Gesamtfläche: 6 500 m²
Fassungsvermögen: 950 Plätze

AUDITORIUM
Typ: frontal, starr
Anordnung: Amphitheater
Fläche: 1 020 m²
Länge (max.): 26 m
Breite (max.): 36 m
Höhe (max.): 12 m
Höhendifferenz: 6 m
Anzahl der Reihen: 22

BÜHNE
Typ: Guckkastenbühne
Fläche: 435 m²
Tiefe: 15 m + 5 m
Breite: 29 m
Höhe des Schnürbodens: 12 m
Höhe der Unterbühne: 4 m
Portalbreite: 23 m
Portalhöhe: 9 m
Proszenium: veränderbar als Orchestergraben

THEATRE DE JYVÄSKYLÄ
1982
Jyväskylä
Finnland
Alvar Aalto, Architekt
Eero Rönkkö, Theaterfachberatung
Programm: städtisches Theater
Gesamtfläche: 5 826 m²
Fassungsvermögen: 551 Plätze

AUDITORIUM
Typ: frontal, starr
Anordnung: Amphitheater
Fläche: 400 m²
Länge (max.): 20 m
Breite (max.): 23 m
Höhe (max.): 10 m
Höhendifferenz: 4 m
Anzahl der Reihen: 18

BÜHNE
Typ: Guckkastenbühne
Fläche: 456 m²
Tiefe: 14 m + 10 m
Breite: 19 m
Höhe des Schnürbodens: 11 m
Höhe der Unterbühne: 4 m
Portalbreite: 13 m
Portalhöhe: 6 m
Proszenium: starr, 5 m breiter Orchestergraben

TOGA-SANBO
1982
Toga
Japan
Arata Isozaki, Architekt
Programm: Festivaltheater
Gesamtfläche: 621 m²
Fassungsvermögen: 600 Plätze

AUDITORIUM
Typ: Freilufttheater
Anordnung: Amphitheater, halbkreisförmig
Fläche: 517 m²
Länge: 12 m
Breite (max.): 29 m
Höhendifferenz: 5 m
Anzahl der Reihen: 8

BÜHNE
Typ: offene Bühne
Fläche: 145 m²
Tiefe: 5 m
Breite: 29 m
Kein Schnürboden, keine Unterbühne, kein Portal
Proszenium: starr mit halbkreisförmigem Orchestergraben

BAM MAJESTIC THEATER
1987
New York
USA
Hardy Holzman Pfeiffer, Architekten
Chloe Obolensky, Theaterfachberatung
Programm: Umbau eines Theaters
Gesamtfläche: 3 150 m²
Fassungsvermögen: 900 Plätze

AUDITORIUM
Typ: frontal, starr
Anordnung: Ränge und Balkone
Fläche: 396 m²
Länge (max.): 18 m
Breite (max.): 26 m
Höhe (max.): 14 m
Höhendifferenz: 6 m (unterer Rang)
10 m (oberer Rang)
Anzahl der Reihen: 17 (unterer Rang), 4 (oberer Rang)

BÜHNE
Typ: Guckkastenbühne
Fläche: 384 m²
Tiefe: 12 m
Breite: 25 m
Höhe des Schnürbodens: 10 m
Höhe der Unterbühne: 1,5 m
Portalbreite: 12 m
Portalhöhe: 8,5 m
Proszenium: starr (7 m breit)

THEATER OF DRAMATIC ART
1973
Fort Wayne
USA
Louis I. Kahn, Architekt
Georges C. Izenour, Theaterfachberatung
Programm: städtisches Theater
Gesamtfläche: 6 300 m²
Fassungsvermögen: 669 Plätze

AUDITORIUM
Typ: frontal, starr
Anordnung: Ränge
Fläche: 399 m²
Länge (max.): 21 m
Breite (max.): 20 m
Höhe (max.): 8 m
Höhendifferenz: 4,5 m
Anzahl der Reihen: 19

BÜHNE
Typ: Guckkastenbühne
Fläche: 440 m²
Tiefe: 12 m + 3 m
Breite: 30 m
Höhe des Schnürbodens: 10 m
Höhe der Unterbühne: 5 m
Portalbreite: 16 m
Portalhöhe: 7,5 m
Proszenium: starr, 4 m breiter Orchestergraben

LEXIKON

Die folgende Aufstellung gibt eine Übersicht über die in der Theaterarchitektur verwendete Terminologie anhand von zwei Beispielen : erstens ein traditionelles italienisches Auditorium und zweitens dessen Umwandlung in ein zeitgenössisches Auditorium mit frontaler Anordnung.

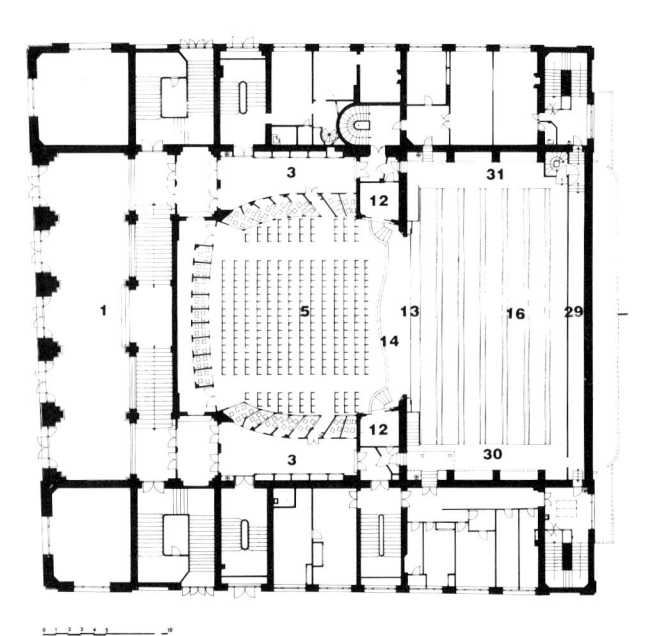

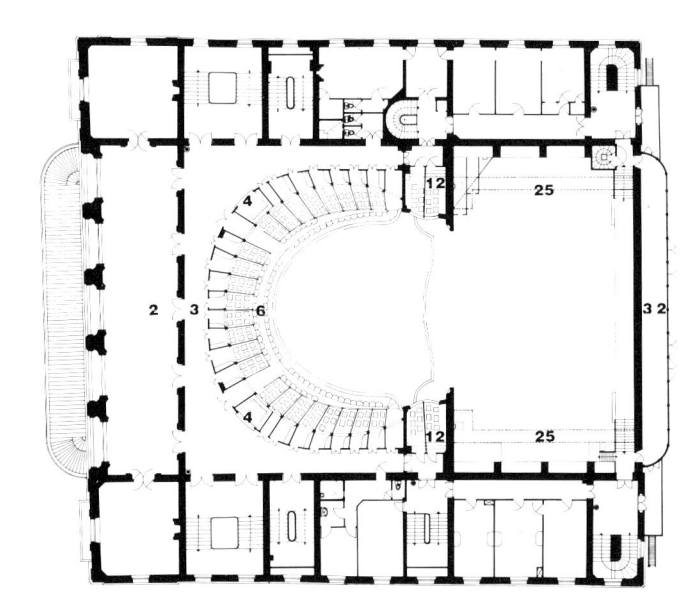

Bauzeit : 1862
Bezeichnung : Théâtre lyrique
Architekt : Gabriel Davioud
Fassungsvermögen :
1 700 Plätze

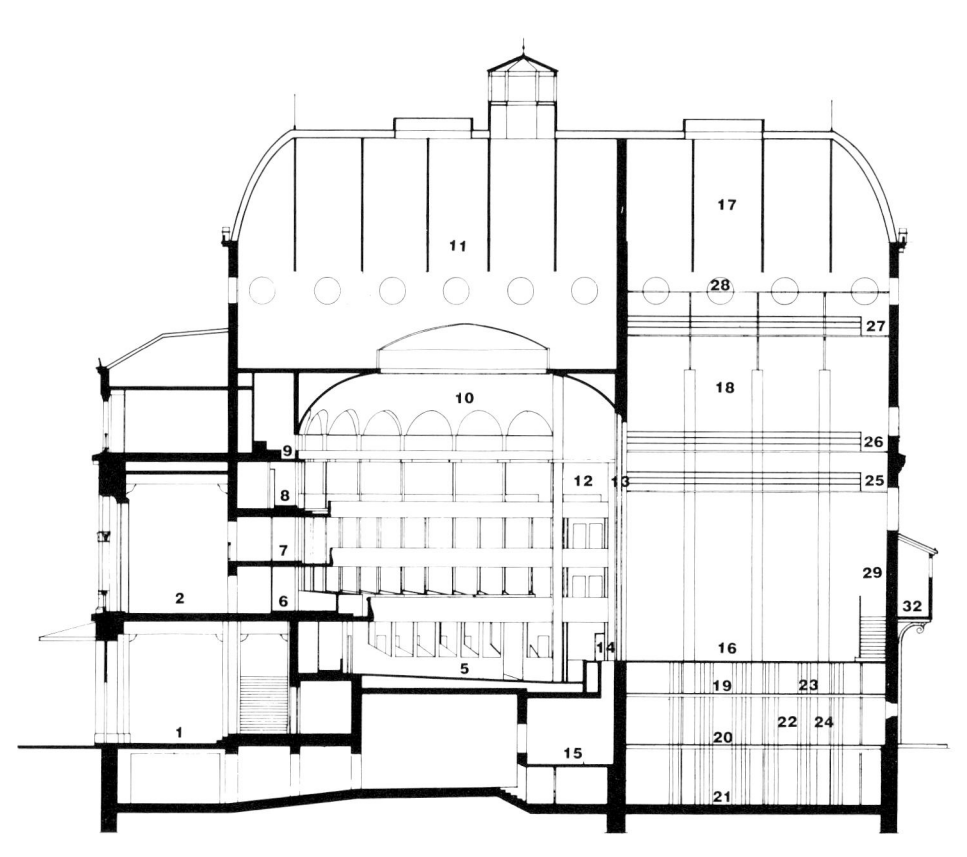

1 Vorhalle
2 Foyers
3 Wandelgang
4 Garderoben
5 Parterre
6 erster Rang
7 Rang
8 oberer Rang
9 „Himmel"
10 Kronleuchterkuppel
11 Dachstuhl
12 Seitenlogen
13 Bühnenportal
14 Proszenium
15 Technik
16 Bühnenboden
17 Guckkastenbühne
18 Schnürboden
19 erste Unterbühne
20 zweite Unterbühne
21 dritte Unterbühne
22 Laufkatzen
23 Bühnenwagen
24 Fahrschienen
25 Beleuchterbrücke
26 Manövrierbrücke
27 Lastbrücke
28 Schnürboden
29 Bühnenrückwand
30 linke Bühnenseite
31 rechte Bühnenseite
32 äussere Versorgungsgalerie

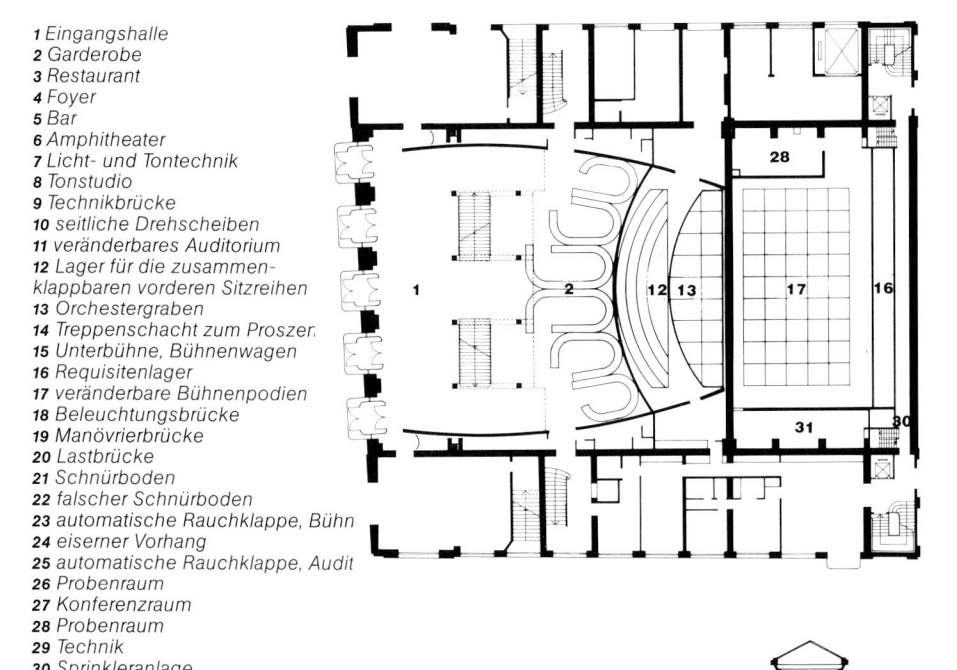

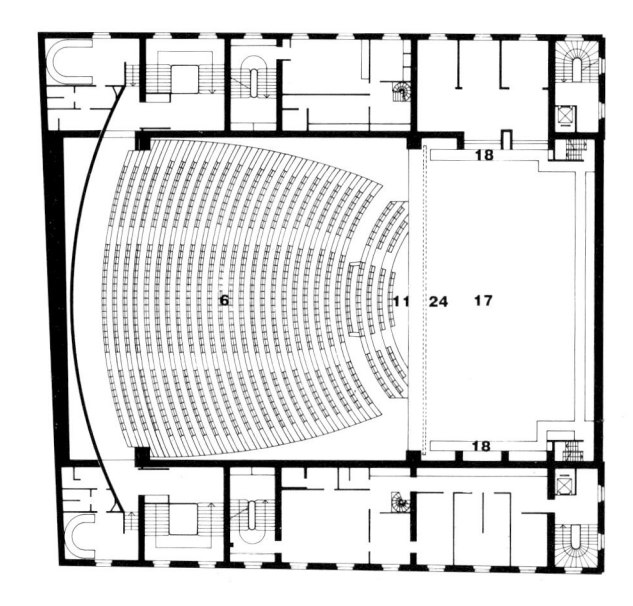

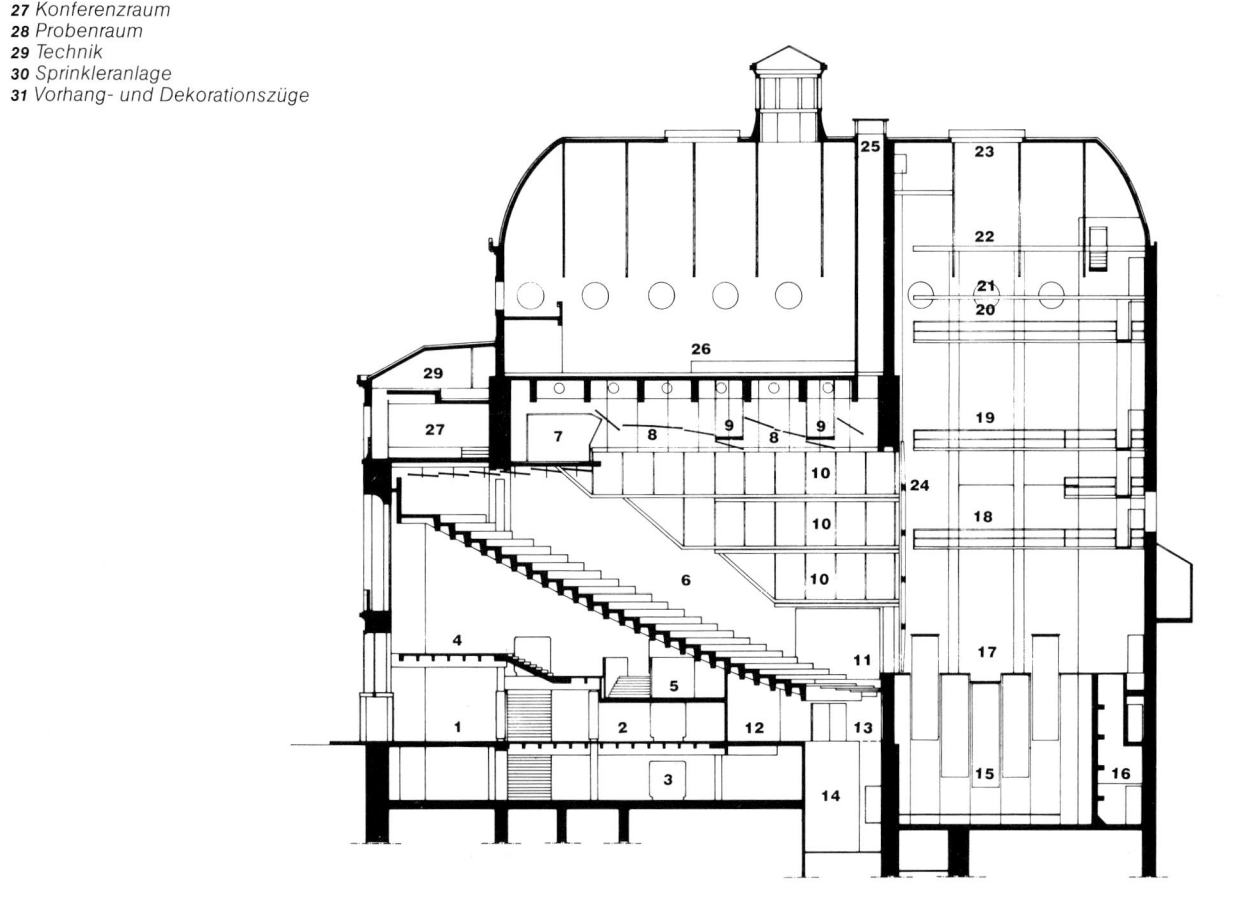

1 Eingangshalle
2 Garderobe
3 Restaurant
4 Foyer
5 Bar
6 Amphitheater
7 Licht- und Tontechnik
8 Tonstudio
9 Technikbrücke
10 seitliche Drehscheiben
11 veränderbares Auditorium
12 Lager für die zusammen-
klappbaren vorderen Sitzreihen
13 Orchestergraben
14 Treppenschacht zum Proszen.
15 Unterbühne, Bühnenwagen
16 Requisitenlager
17 veränderbare Bühnenpodien
18 Beleuchtungsbrücke
19 Manövrierbrücke
20 Lastbrücke
21 Schnürboden
22 falscher Schnürboden
23 automatische Rauchklappe, Bühn
24 eiserner Vorhang
25 automatische Rauchklappe, Audit
26 Probenraum
27 Konferenzraum
28 Probenraum
29 Technik
30 Sprinkleranlage
31 Vorhang- und Dekorationszüge

Zeit des Umbaus: 1968
Neue Bezeichnung: Théâtre de la Ville
Architekten: Valentin Fabre und Jean Perrottet
Theaterfachberatung: René Allio
Fassungsvermögen: 1 100 Plätze

KURZDOKUMENTATION

ARENATHEATER

NIEMEYER, LE HAVRE 1982
Kulturzentrum
Place Carnot, Le Havre, Frankreich
Oscar Niemeyer, Architekt
M. Linotte, Theaterfachberatung
Zahl der Plätze : 1 155 oder 1 230

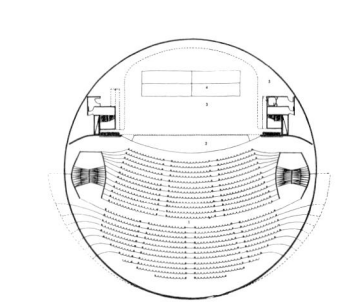

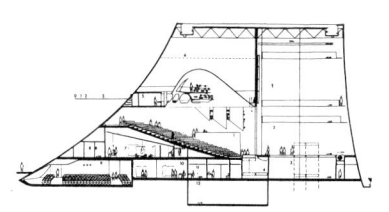

LOGENTHEATER

BOFILL, BARCELONA
Katalonisches Nationaltheater
Avenue Maridiana, Barcelona, Spanien
Ricardo Bofill, Taller de Arquitectura, Architekten.
Zahl der Plätze : 1 000

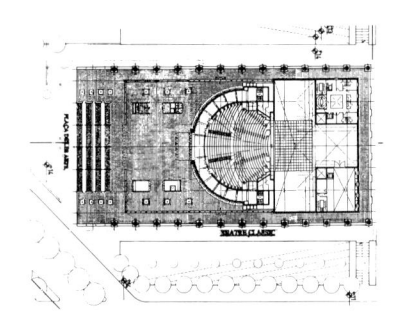

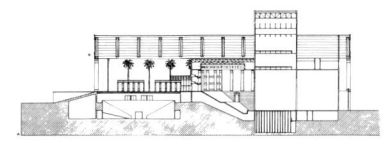

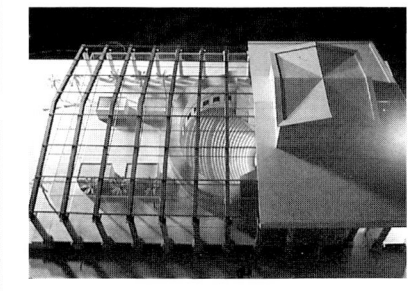

STIRLING, ITHICA 1988
Center for Dramatic Arts
College Avenue, Ithica, New York, USA
James Stirling, Michael Wilford and Associates, Architekten
Zahl der Plätze : 515

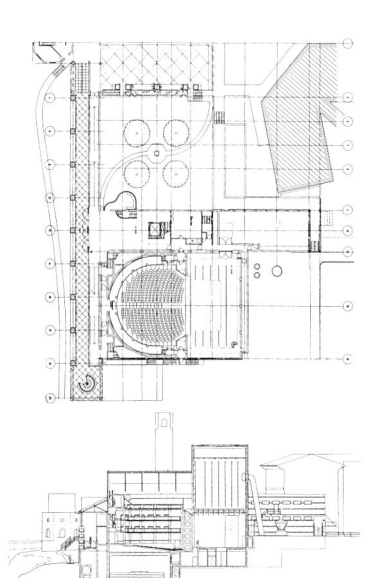

AUDITORIUM MIT BALKONEN

SCHWARTZ UND GUTMAN, BASEL, 1975
Städtisches Theater
Theaterplatz, Basel, Schweiz
Schwartz und Gutman, Architekten
Zahl der Plätze : 1 000

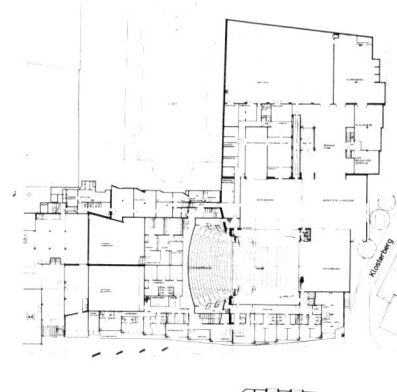

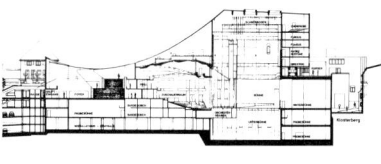

LOGENTHEATER

FOSTER, DULWICH 1980
*Edward Alleyn Hall, Dulwich College,
London, England
Tim Foster, Architekt
Theater Projects, Theaterfachberatung
Zahl der Plätze : 210 oder 290*

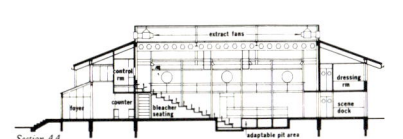

MORISSEAU, MIRAMAS 1986
*Theater La Colonne
Place du Théâtre, Miramas, Frankreich
Jean-Jacques Morisseau, Architekt
Zahl der Plätze : 816*

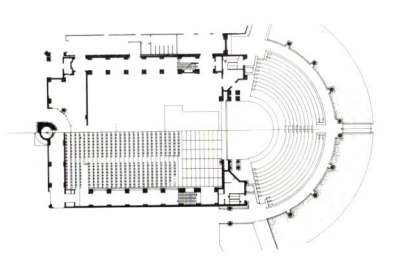

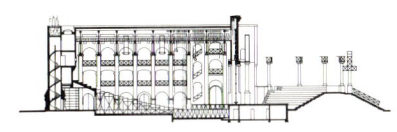

HKPA, HORSHAM 1975
*Christ's Hospital Theater
Horsham, England
Howel, Killick, Partride, Amis, Architekten
Theater Projects, Theaterfachberatung
Zahl der Plätze : 580*

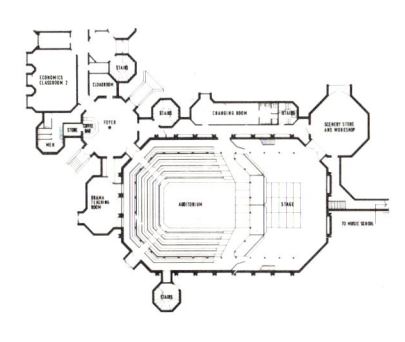

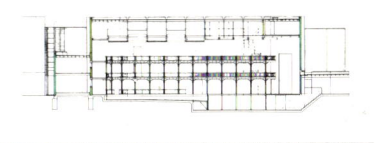

DOPPELAUDITORIEN

VASCONI, GENEVILLIERS 1986
*Théâtre de Genevilliers
41, avenue des Grésillons, Genevilliers,
Frankreich
Claude Vasconi, Architekt
Noel Napo, Theaterfachberatung
Zahl der Plätze : 300 und 430*

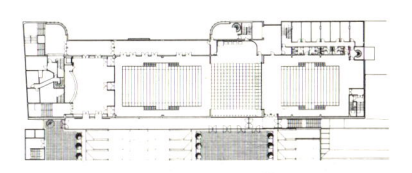

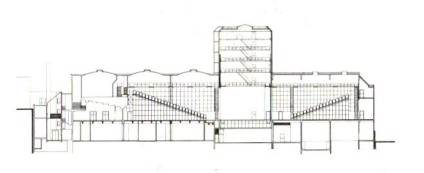

*Die Treppe führt zum
Auditorium des Kulturzentrums
in Saint Herblain*

FLEXIBLE AUDITORIEN

FABRE-PERROTTET, VITROLLES
Centre culturel de la Pierre Plantée
Vitrolles, Frankreich
Valentin Fabre, Jean Perrottet, Alberto Cattani, Architekten
Max Soumagnac, Theaterfachberatung
Zahl der Plätze: 242 oder 418 oder 496 oder 738

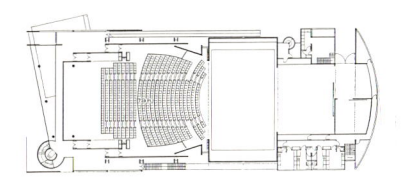

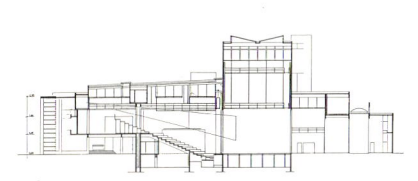

KOHN, SAINT-AVOLD 1985
Centre d'action culturelle
Rue de la Chapelle, Saint-Avold, Frankreich
Bernard Kohn, Architekt
Jacques Dubreuil, Michel Raffaelli, Theaterfachberatung
Zahl der Plätze : 160 oder 840 oder 1 000

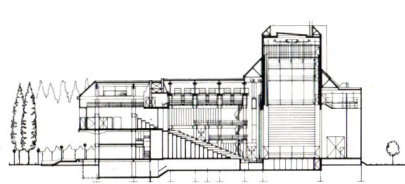

VITART-NOUVEL, SAINT-HERBLAIN *1988*
Onyx Kulturzentrum
Zone Atlantis, Saint-Herblain, Frankreich
Myrto Vitart für Jean Nouvel & Ass., Architekten
Jacques Le Marquet, Theaterfachberatung
Zahl der Plätze : circa 600

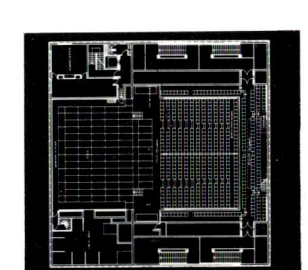

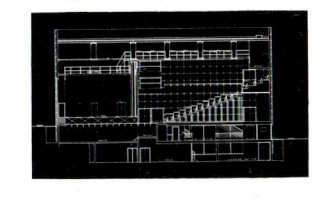

RHWL, NORTHAMPTON 1983
Derngate Center
Northampton, England
Renton, Howard, Wood, Levin, Architekten
Theater Projects, Theaterfachberatung
Zahl der Plätze : 1 400 oder 1 483 oder 1 151

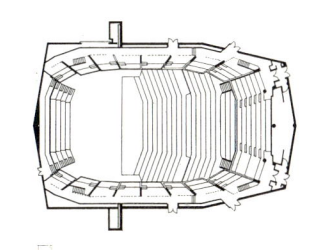

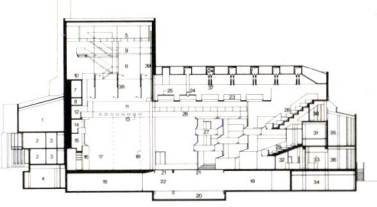

115

UMBAUTEN

BIRO-FERNIER, PARIS 1981
Théâtre du Rond-Point
Avenue Franklin-Roosevelt, Paris, Frankreich
André Biro und Jean-Jacques Fernier,
Architekten
Claude Perset, Theaterfachberatung
Zahl der Plätze : 936

LEVITT-BERNSTEIN, MANCHESTER 1976
Royal Theater of Bourse
Ann's Square, Manchester, England
Levitt, Bernstein and Associates, Architekten
Zahl der Plätze : 700

REICHEN-ROBERT, BLOIS 1987
Halle aux grains
Place de la République, Blois, Frankreich
Bernard Reichen und Philippe Robert,
Architekten
Guy-Claude Francois, Theaterfachberatung
Zahl der Plätze : 830

HUET, MARNE-LA-VALLEE 1990
Kunst- und Kulturzentrum
Ferme du Buisson, Noisiel,
Marne-la-Vallée, Frankreich
Bernard Huet, Architekt
Claude Perset, Theaterfachberatung
Zahl der Plätze : 236 oder 698 oder 791

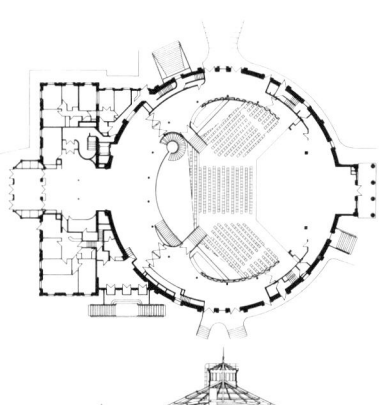

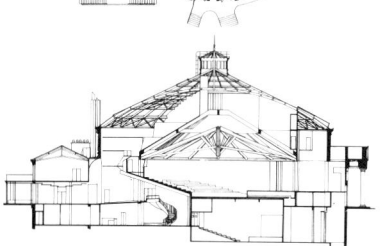

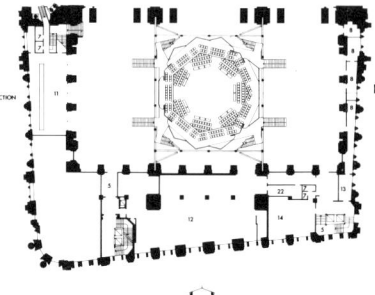

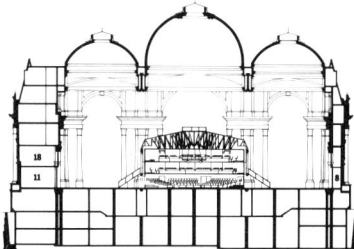

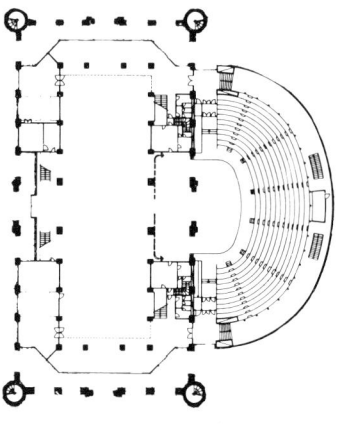

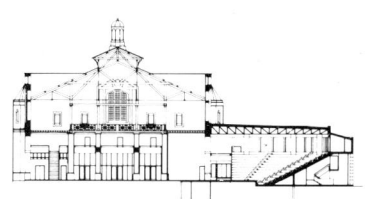

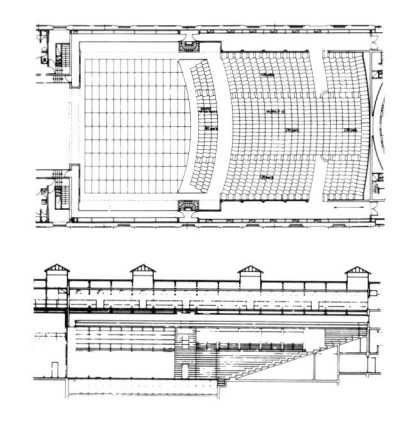

THEATER OHNE FESTEN STANDORT

ROSSI, VENEDIG 1979
Welttheater
Aldo Rossi, Architekt
Zahl der Plätze : 290

ITO, JAPAN 1987
Theater Noh
Toyo Ito, Architekt
Zahl der Plätze : 3 000

ANDO, JAPAN
Schwimmendes Theater
Tomanu, Hokkaido, Japan
Tadao Ando, Architekt
Zahl der Plätze : 200

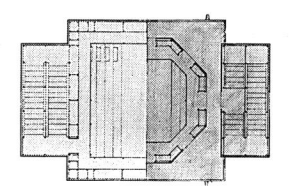

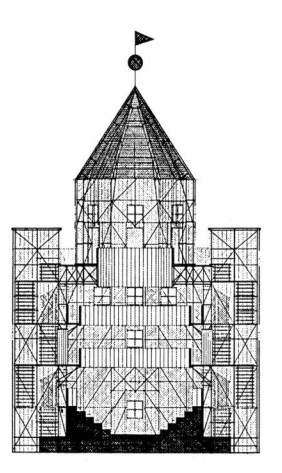

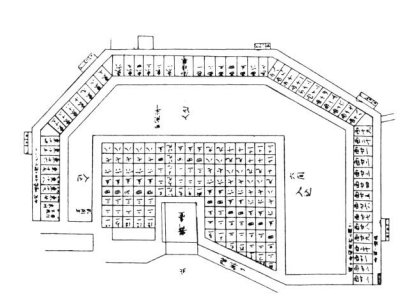

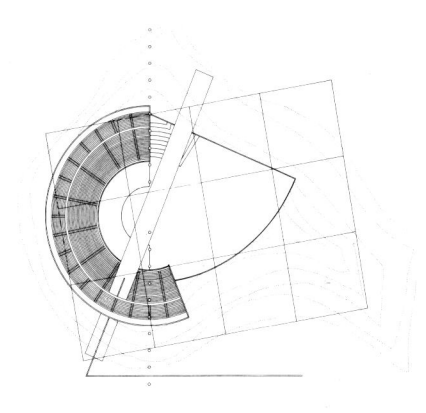

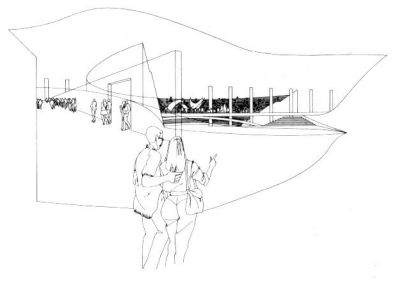

BIBLIOGRAPHIE

Zeitschriften

Actualités de la scénographie (Paris)
Theatre Design Technology (New York)

Architecture d'Aujourd'hui, Nr. 17 (1958), Nr. 152 (1970) und Nr. 199 (1978)
Architectural Review, Nr. 1108 (1989)
aw architektur + wettbewerbe, Nr. 116 (1983)
Casabella, Nr. 431 (1977)
Neuf, Nr. 33 (1978)
Théâtre public, Nr. 27 (1979)
Techniques et architecture, Nr. 310 (1976) und Nr. 353 (1984)

ALLEN J. : *A History of the Theater in Europe,* London, 1983
ALLOI R. : *Architettura per lo spettacolo,* Milan, Hoepli, 1958
APPIA A. : *l'OEuvre d'art vivant,* Genf, 1921
ARTAUD A. : *Le Théâtre et son double,* Paris, Gallimard, 1938
BABLET D. : *Les Révolutions scéniques au XXe siècle,* Paris, Editions du XXe siècle, 1976
BABLET D. : *Edward Gordon Craig,* Paris, Arche, 1962
BADEVANT D. : *l'Architecture théâtrale,* Paris, Documentation francaise, 1966
BIEBER M. : *The History of the Greek and Roman Theater,* Princeton, 1939
BARRAULT J.-L. : *Réflexions sur le théâtre,* Paris, 1949
BLONDEL J.-F. : *l'Architecture francaise,* Paris, 1752
BOULET : *Essais sur l'art de construire les théâtres,* Paris, 1820
BRECHT B. : *Schriften zum Theater,* Frankfurt, 1957
BROOK P. : *The Empty Space,* London, Mac Gibbon and Kee, 1968
CHAMBERS E.K. : *The Elizabethan Stage,* Oxford, 1923
CONSTANT C. : *Parallèle des principaux théâtres modernes de l'Europe et des machines théâtrales francaises,* Paris, 1840
COPEAU J. : *Le théâtre populaire,* Paris, 1941
CRAIG E.G. : *On the Art of Theater,* London, 1911
GAULME J. : *Architectures scénographiques et décors de théâtre,* Paris, Magnard, 1985
DUMONT G. : *Parallèle de plans des plus belles salles de France et d'Italie,* Paris, 1768
HAM R. : *Theater Planning,* London, Architectural Press, 1970
HERZFELDT R. : *Deus ex machina,* Wiesbaden, 1964
Histoire des spectacles, Encyclopédie de la Pléiade, Paris, Gallimard, 1965
IZENOUR G.C. : *Theater Design,* New York, MacGraw Hill, 1977
Les voies de la création théâtrales, Paris, Editions du CNRS
LEACROFT R. und H. : *Theater and Playhouse,* London, Methuen Drama, 1984
LEACROFT R. und H. : *The Development of the English Playhouse,* London, Methuen Drama, 1973
Le Lieu theatral dans la société moderne, Paris, Editions du CNRS, 1963
MOUSSINAC L. : *Le théâtre des origines à nos jours,* Paris, Flammarion
NICOLI A. : *The Development of the Theater,* London, 1957
PATTE P. : *Essais sur l'architecture théâtrale,* Paris, 1782
PISCATOR E. : *Das politische Theater,* Berlin, 1929
POLIERI J. : *Scénographie nouvelle,* Paris, Editions d'Aujourd'hui, 1963
POUGNAUD P. : *Théâtres, 4 siècles d'architectures et d'histoire,* Paris, Editions du Moniteur, 1980
RITTAUD-HUTINET J. : *La vision d'un futur : Ledoux et ses théâtres,* Lyon, presses universitaires de Lyon, 1982
SABBATINI N. : *Pratica de fabbricar scene e macchine nei teatri,* Ravenna, 1638
SCHUBERT H. : *Moderner Theaterbau,* Stuttgart, Karl Krämer Verlag, 1971
SONREL P. : *Traité de scénographie,* Paris, Librairie théâtrale, 1944
Le Théâtre, Paris, Bordas, 1980
TIDWORTH S. : *Theaters, An illustrated History,* London, Pall Mall Press, 1973
VEINSTEIN A. : *Le théâtre expérimental,* Brüssel, La renaissance du livre, 1968
Victor Louis et le théâtre, Bordeaux, Editions du CNRS, 1982
VILAR J. : *Le théâtre, service public,* Paris, Gallimard, 1975

FOTOGRAFENVERZEICHNIS

P. Aaron / Esto, Seite 87 oben

P. Amouroux, Seite 27 oben links und rechts, 30 oben links und unten, 31, 32 unten, 33

T. Ando, Seite 48, 117 oben rechts

N. Auerbach, Seite 8 unten, 9 oben, 11 oben

L. Bernauer, Seite 112 unten rechts

C. Bibollet, Seite 116 oben rechts

C. Blakemore, Seite 42, 46 unten

P. Brook, Seite 84

R. Bryant, Seite 112 oben rechts

S. Buker, Seite 68 oben rechts und unten, 69

T. Caravaglia, Seite 87 unten rechts

M. Charles, Seite 45 unten links, 47, 113 oben links, 115 unten rechts

P. Cook, Seite 40, 41 oben links und unten, 45 oben

A. Courrault, Enguerand, Seite 23

S. Couturier / Archipress, Seite 88, 95 rechts

M. Denance, Seite 115 oben links

P. Deshayes, Seite 32 oben links

C. Devillers, Seite 76, 80

M. Dieuzaide, Seite 19

G. Dufresne, Seite 25, 26 rechts

H. Durston Saylor, Seite 85

L. Dziedic, Seite 15 unten

R. Einzig, Seite 113 oben rechts

B. Enguerand, Seite 18, 20, 21 und 116 oben links

D. Epstein, Seite 86

D. Gilbert, Seite 45 unten rechts

M. Goldwater, Seite 46 Mitte

I. Gomez-Pulido, Seite 115 unten links

K. Hakli, Seite 77, 78, 79, 82, 83

B. de Hamel, Seite 113 oben rechts

C. Hollick, Seite 115 unten rechts

G. Jaumotte, Seite 27 unten

F. Katsuaki, Seite 96, 98 oben und Mitte

C. Kuhner, Seite 101, 103, 104, 105

Lipnitzki / Viollet, Seite 18 unten

M. Matsuoka, Seite 49, 51 unten rechts, 53 rechts

M. Moch, Seite 112 oben links

J.-M. Monthiers, Seite 71, 72, 74, 75, 90 unten, 94, 95 links, 116 unten rechts

P. Musi, Seite 89, 90 oben, 91

T. Ogawal / Shinkenchiku, Seite 97

T. Ohashi, Seite 117 unten links

C. O'Sughrue, Seite 113 unten links

P. Robert, Seite 116 oben rechts

P. Ruault, Seite 114, 115 oben rechts

P. Sayer, Seite 41

Y. Shiratori, Seite 50, 51 oben und unten links, 53 oben links und unten

A. von Steiger, Seite 112 unten rechts

S. Strosser, Seite 23

D. Sucheyre, Seite 113 unten rechts

N. Treatt, Seite 19 unten

G. Walusinski / Spadem, Seite 116 oben links

R. Walz, Seite 64, 65, 68 oben links

M. Werlemann Scagliola / Hectic Pictures, Seite 54-57, 60-63

DR, Seite 13, 14, 26 links, 30 oben rechts, 32 oben rechts, 46 oben, 67, 87 unten links, 98 unten, 99, 112 unten links, 116 unten links